哈佛商务指南系列⑥

权力、影响与说服

——如何顺利推行你的主张

哈佛商学院出版公司　编

江心英　译

商　务　印　书　馆

2012年·北京

Power, Influence, and Persuasion

Sell Your Ideas and Make Things Happen

图书在版编目(CIP)数据

权力、影响与说服——如何顺利推行你的主张/哈佛商学院出版公司编;江心英译.
—北京:商务印书馆,2007(2012.6重印)
(哈佛商务指南系列)
ISBN 978-7-100-05330-3

Ⅰ.权… Ⅱ.①哈…②江… Ⅲ.企业领导学 Ⅳ.F272.91

中国版本图书馆CIP数据核字(2006)第160947号

权力、影响与说服

——如何顺利推行你的主张

哈佛商学院出版公司 编

江心英 译

商务印书馆出版

(北京王府井大街36号 邮政编码 100710)

商务印书馆发行

北京瑞古冠中印刷厂印刷

ISBN 978-7-100-05330-3

2007年8月第1版 开本710×1000 1/16

2012年6月北京第2次印刷 印张14

定价:35.00元

商务印书馆—哈佛商学院出版公司经管图书
翻译出版咨询委员会

（以姓氏笔画为序）

致中国读者

哈佛商学院经管图书简体中文版的出版使我十分高兴。2003年冬天，中国出版界朋友的到访，给我留下十分深刻的印象。当时，我们谈了许多，我向他们全面介绍了哈佛商学院和哈佛商学院出版公司，也安排他们去了我们的课堂。从与他们的交谈中，我了解到中国出版集团旗下的商务印书馆，是一个历史悠久、使命感很强的出版机构。后来，我从我的母亲那里了解到更多的情况。她告诉我，商务印书馆很有名，她在中学、大学里念过的书，大多都是由商务印书馆出版的。联想到与中国出版界朋友们的交流，我对商务印书馆产生了由衷的敬意，并为后来我们达成合作协议、成为战略合作伙伴而深感自豪。

哈佛商学院是一所具有高度使命感的商学院，以培养杰出商界领袖为宗旨。作为哈佛商学院的四大部门之一，哈佛商学院出版公司延续着哈佛商学院的使命，致力于改善管理实践。迄今，我们已出版了大量具有突破性管理理念的图书，我们的许多作者都是世界著名的职业经理人和学者，这些图书在美国乃至全球都已产生了重大影响。我相信这些优秀的管理图书，通过商务印书馆的翻译出版，也会服务于中国的职业经理人和中国的管理实践。

20 多年前，我结束了学生生涯，离开哈佛商学院的校园走向社会。哈佛商学院的出版物给了我很多知识和力量，对我的职业生涯产生过许多重要影响。我希望中国的读者也喜欢这些图书，并将从中获取的知识运用于自己的职业发展和管理实践。过去哈佛商学院的出版物曾给了我许多帮助，今天，作为哈佛商学院出版公司的首席执行官，我有一种更强烈的使命感，即出版更多更好的读物，以服务于包括中国读者在内的职业经理人。

在这么短的时间内，翻译出版这一系列图书，不是一件容易的事情。我对所有参与这项翻译出版工作的商务印书馆的工作人员，以及我们的译者，表示诚挚的谢意。没有他们的努力，这一切都是不可能的。

哈佛商学院出版公司总裁兼首席执行官

万季美

目　录

目录

序言 …… 1

1 权力的必要性——离开了权力,你无法管理 …… 1
人们对权力的反感 …… 3
权力的必要性 …… 4
权力与依赖 …… 7
行使权力:三种类型的管理者 …… 9
改变你的管理风格 …… 14
小结 …… 16

2 权力的来源——如何挖掘权力 …… 19
职权 …… 21
关系权力 …… 24
个人权力 …… 32
你所在组织中的权力何在? …… 36
小结 …… 37

3 影响力——你的用权之道 …… 39
权力与影响力 …… 41

影响力是双向的 …………………………………………………… 44
影响域 …………………………………………………………………… 46
用“通货交换”增加影响力 ……………………………………… 50
小结 ……………………………………………………………………… 51

4 影响策略——施加影响的三种方法 ……………………………… 53
以自己的方式架构问题 ………………………………………… 54
通过信息施加影响 ……………………………………………… 57
通过技术权威施加影响 ………………………………………… 60
小结 ……………………………………………………………………… 63

5 说服 I——基本原理 ………………………………………………… 65
说服的重要性 ……………………………………………………… 68
说服的要素 …………………………………………………………… 69
建立可信度 …………………………………………………………… 69
理解听众 ……………………………………………………………… 74
构筑论据 ……………………………………………………………… 84
小结 ……………………………………………………………………… 86

6 说服 II——令听众口服心服 ……………………………………… 87
从说服头脑开始 …………………………………………………… 88
不要忽略听众的情感 ……………………………………………… 95
克 服 抵 抗 ……………………………………………………………… 101

说服触发器 …… 105
小结 …… 110

7 精彩的演讲——永恒的说服工具 …… 113
演讲:希腊人的方式 …… 115
修 辞 方 法 …… 120
不同的听众,不同的学习风格 …… 125
令人口服心服 …… 128
准备回答问题 …… 129
不断改进 …… 134
小结 …… 135

8 权力、影响与说服的道德准则——值得遵守的信条 …… 137
权力的有道使用 …… 139
影响与说服他人的道德准则 …… 144
对策 …… 147
小结 …… 148

附录 A:不是领导者的领导 …… 151
附录 B:有用的实施工具 …… 155
附录 C:可视化演讲的一般规则 …… 161

注释 …… 173
术语表 …… 179
扩展阅读 …… 183
顾问和作者简介 …… 193
译后记 …… 197

权力、影响与说服

序 言

序 言

三位执行官和他们的 CEO 围坐在会议桌旁，正在讨论对他们以及拥有 400 位员工规模的公司中其他绝大多数全日制雇员来说都很重要的事情：今年应向公司员工分发多少红利？

“关于此项议题，在座的每位管理者都有自己的想法。”人力资源副总裁比其他任何人都更清楚奖金制度的细节及其对雇员的影响。通过引证公司良好的财务状况和以前微薄的奖金支出，他强烈地倾向于应增发奖金。他说：“今年员工们格外地努力工作，因此，他们期望获得特殊的奖励，他们已经挣下了这笔奖金。”他接着描述了他认同的、与公司所签合同上的补助金和救济金总量相适应的奖金数量，并且比较了该地区其他雇主提供的一揽子福利。首席运营官（COO）同意地点点头，并发表了一些支持性的评论。

具体负责日常开支和规划消费活动的首席财务官（CFO）比较谨慎，建议少量地增加奖金数量。在资金方面，首席财务官对 CEO 的影响非常关键，她甚至可以左右其他管理者的意愿。

四位管理者最终做出了其他雇员无法参与的决定。CEO 把此决定向董事会报告以便获得最后通过，因为只有董事会才有权批准奖金数量。但由于受 CEO 的影响，董事会很可能同意 CEO 所做的决定。董事会成员认可 CEO 的可靠性、高效性和可信赖性。如果 CEO 提出合理的奖金数量为 180 万美元，则大多数董事会成员会接受，特别是在奖金数量与公司目前绩效和未来计划相吻合时。如果遇到阻力，CEO 将努力说服董事会认同其决定的合理性。他会拿出人力资源副总、财务副总与运营副总的签字，而他们中的任何一人都会在董事会会议上支持老板。他还会说明决定 180 万奖金的系统评估方法，描述这些奖金将如何激励员工而不危及公司的未来计划。

这个小故事是杜撰的，但却折射出商业机构的决策过程，并且说明了本书所要探讨的三个相关理念：权力、影响与说服。在这个故事中，四位执行官中的每一位都或多或少地对奖金数量产生了影响。当大家无法达成一致意见时，说服就派上了用场。CEO 在对奖金数量方面行使了他的权力，而董事会则在批准奖金方面行使了它的职权。

权力、影响和说服一直是社会系统的组成部分。一个比较典型的例子就是法国的路易十四（Louis XIV）——17 世纪一位声称自己拥有神赐权力的君主。路易认为他拥有绝对的权力。但实际上他仍然受大臣们的影响。在财务方面，他强烈地依赖于让·巴布帝斯特·科尔伯特（Jean Baptiste Colbert）；在军事方面，则仰仗马奎·德·卢瓦（Marquis de Louvois）。尽管路易明确表明他不会与任何大臣分享权力，但是，离开了大臣，他无法统治国家。还有，他那无以复加地喜欢奉承的人性弱点无法隐瞒于大臣！也正是这个弱点，为男女大臣和侍臣们影响、说服路易提供了渠道。例如，卢瓦利用国王喜欢被人表扬的特点将其引入战争，而自己却置身其外。圣西蒙·卢瓦公爵(de Saint Simon，Louvois)说："说服国王，告诉他自身拥有比其他任何人都高超的军事才能"。因此，正如你将在本书中所看到的，即便是拥有绝对权力者，也不可避免地会接受别人的影响和说服。

今日商业社会与路易十四所处的社会环境已大相径庭。权力不再专制，而是被分散在经理、总经理、董事会和股东之间。法规限制公司权力和高于雇员的管理者们的权力。正式权力(formal authority)依然存在，但是，影响和说服的作用变得更加重要。

上述叙述意味着什么？我们把权力界定为配置资源、做出决策并执行决策的一种潜能(potential)。对管理者而言，理解如何获得权力，并尽可能广泛地行使权力是一大要点和一门艺术。然而，几乎没有人意识到这一点。哈佛商学院管理学教授约翰·科特(John Kotter)对此进行了如下描述：

多数管理工作要求一个人能熟练地获得并应用权力……。我推测，大量的执行官特别是接受过良好教育的年轻管理者，其实际表现远远低于其潜能。因为他们不理解职权的动力学机制，他们在高效获取权力与行使权力所需的本能方面没有得到培训和开发。[1]

影响力(influence)是权力的延伸；它是人们运用权力改变他人行为或态度的途径。然而，与权力不同，影响力不需要通过施加外力或直接命令就能产生效果。从某种意义上说,影响力是软权力[记住那句马菲亚(Mafia)的经典台词——给他无法拒绝的东西]。在某些情况下,影响力源于操纵。但是,没有正式权力者也能够对别人施加影响。每个管理者都必须知道如何影响他人,包括上司、同僚以及下属。

说服(persuasion)与影响力密切相关,但又差异巨大。说服不是一种强制力,也不含强制成分。相反,它是人们借以改变或强化他人态度、观点或行为的过程。任何精通说服艺术的人,都欣赏自己在推销观点、产品或只是促成某些事情方面所具有的优势。无论是在家庭还是在工作单位,说服都是一种必要的生存技巧。

幕后操纵者

许多位高权重者曾深刻地受别人的影响。在此方面,或许最成功和最有影响力的人应该是主教黎塞留(Cardinal Richelieu,1585-1642),法王路易十三(Louis XⅢ)的首要大臣和建议者。同时代的人因其红色牧师装束而送给他一个外号为"红衣主教"(the red eminence)。作为王室权力的捍卫者以及对挑战王室权力者拥有生杀予夺权力的黎塞留主教,曾说过一句十分著名的话:"如果你给我提供最诚实的人写出的六行字(six lines),我也能找出足以置其于死地的证据。"

今天,许多人用"灰衣主教"(eminence grise)特指那些幕后操纵者,或拥有凌驾于正式权力之上的非正常权力的人。"灰衣主教"原意指法国的约塞夫神甫(Pere Joseph)——黎塞留主教的秘书。你所在的机构有自己的"灰衣主教"吗?

每一个商业组织，甚至于每一个人类社会，都需借助于权力、影响与说服才能正常运转。权力、影响与说服对于组织机构和人力资源部门之必要，犹如空气对于人类呼吸之必要。我们每一个人都习以为常地、经常同时地给予并接受权力、影响与说服的结果。即使是在服从于上司权力的同时，我们也在影响与说服他们。我们与同事、下属之间的关系与之类似。

本书将有助于你理解上述三个重要概念，并就如何将其应用到工作中去提供切实可行的建议。

本书内容前瞻

本书依次探讨权力、影响力与说服力。第 1 章解释为什么即便是在权力和追逐权力者失信于社会的情况下，权力在一个组织中仍具有其必要性。解释三种职权管理方法，并指出适合于组织机构的最好的管理方法，以及什么样的人最适合于行使权力。

权力来自何处？第 2 章对此进行重点研究。探讨职务权力、关系权力和个人权力的特征，并讨论上述权力的局限性。例如，企业组织的职务权力自然受掌权者对他人（包括同事、上司及下属）依赖关系的约束。但是，即便在种种自然约束下，你仍然能够增强你的权力。本章将告诉你怎样做。

真正的权力，正如第 3 章所描述的，只有通过某些形式才能实现。影响力是运用权力改变、指导或影响他人行为的路径之一。

本章描述直接行使权力(direct power)的局限性,解释管理者如何才能间接地使用权力实现其预定目标。然而,为了施加影响力,人们必须愿意接受别人的影响;施加影响和接受影响是双向的。本章为你提供一些能够增强你在组织中影响力的可行建议。第 4 章通过描述任何管理者在日常工作中都可以应用的三种具体策略,进一步研究有关影响力的相关内容。

即使是对拥有正式权力(formal power)的人而言,说服也是改变行为与影响决定的主要方式。说服就是通过讨论或请求引导别人接受你的观点,或改变其行为。第 5 章和第 6 章具体研究说服的概念。首先,解释说服的四要素,讨论不同类型的听众和决策风格各异的人们如何易于接受不同形式的说服。第 6 章将帮助你获得别人的口服和心服(win minds and hearts)。解释如何激发(appeal)受众的逻辑思维,然后应用描述技巧继续征服他们的情感世界(emotional side)。解释如何应用语言、生动的描述、隐喻、类推和故事促使你的观点与听众形成共鸣。

第 7 章,研究现代商业中最常见的一种说服机会——正式陈述(formal presentations)。如果你想使正式陈述正规化,并希望其更有效,本章内容将为你提供有益的帮助。本章提供了陈述结构(presentations structure)和古希腊人所精通的数种修辞方法。同时,还介绍了不同人的不同学习风格,解释了为适应不同观众你应调整陈述风格的原因。

大多数人都知道,当职权、影响力与说服力被粗心、不负责任或者恶意使用时,会产生危害(damage)。本书最后一章强调了道德问题，并提出了人们在行使权力、影响力与说服力时必须遵循的道德标准。以此为基础，进一步提出了执行官和董事会在公司中建设道德文化的五种方式。

读完上述章节后，你会发现几个有用的补充部分：术语表、3个附录和供你扩大有关权力、影响力与说服力相关知识的参考书目和文章。附录包含以下内容：

附录A是一篇题为“不是领导者的领导”(Leading when you are not the boss)。许多人发现他们会面临这样的情景，别人期待他们去领导团队，但他们又没有正式职权。事实上，许多团队领导(leader)的职衔低于团队成员。针对上述情形，该附录提供有用的行为指南。

附录B提供了两种表格，将有助于你评估你的说服对象和你本人的说服能力。第一个是工作表，“理解你的说服对象”。该表也可以在 www.elearning.hbsp.org/businesstools 上查到。这个工作表是为读者提供的许多清单、工作表和交互工具表之一，可免费(在正式授权范围内)在哈佛商学院 Essentials Web 网页上浏览。

附录C解释了如何使大多数正规陈述可视化。几乎所有的人采用投影仪或者制作的幻灯片向管理部门或同事、下属进行陈述。可视化能够使人们理解并记住关键点。然而，在消极影响方面，可视化易使观众混淆并感到厌倦，削弱整个*正规陈述*的影响效果。该附录提供了制作多数正规陈述幻灯片所需要的常识性规则。

1 权力的必要性

1 权力的必要性

——离开了权力，你无法管理

本章主要话题包括：

- 为什么权力与追逐权力者具有可疑性
- 组织机构中权力的必要角色
- 人们之间的依存关系如何约束集权与独裁
- 三种管理权力的方法

权力是每一个社会的基本特征。在军队系统，每一个部队总有一人有权发号施令。即便在大学校园和较民主的企业，仍然有人权威性地说："谢谢大家的参与，现在诸位必须做如下的事情。"尽管权力具有其必要性，但是，几乎没有人能够对权力有积极的看法，通常也很难信任追逐权力的人。

本章讨论人们对权力的感受，为什么权力是组织生活的关键部分？人们之间的相互依赖是如何约束权力的，并评价应用权力的三种管理方法。

人们对权力的反感

在许多文化中，人们质疑和畏惧权力潜在的强制性与腐败性，并能很容易地想起滥用职权为非作歹的例子，而不是使用权力造福于民的案例。希特勒(Hitler)等反面典型迅速浮现于人们的脑海。滥用职权或以权谋私的最终结果，促使英国的洛德·阿克顿(Lord Acton,1832—1902) 于 1887 年宣布："权力容易使人腐化，绝对的权力绝对会使人腐化。"由于上述观点牢固地根植于公众的意识中，所以，那些追逐权力的人常受到人们的怀疑，并难于得到别人的信任。实际上，许多人认为，权力应该远离最热衷追逐权力的人。由于人们普遍对权力和逐权者的反感，因此，罗莎贝丝·坎特(Rosabeth Kanter)写道："拥有权力的人否定权力，想获得权力的人掩盖其渴望行为，功于心计者其行为诡秘。"[1]

鉴于人们对权力和掌权者的反感，因此，不足为奇的是，民主政治制度包括如下内容：约束权力，并采取特定措施分散权力，以避免权力的绝对性或过分集中于少数人手中。约翰王(King John)于 1215 年签署的英国《大宪章》(Magna Carta)可算做一个具体的例子。《大宪章》详细规定了刑法(Crown)所不允许侵犯的教派、贵族和自由市民(freemen)的权力。五个多世纪之后，美国的缔造者也尽力解决同样的问题，其宪法阻止权力过分集中于一个政治派别，并建立了保护少数人权益的机制(mechanisms)。《美国宪法权力法案》(The U.S. Constitution's Bill of Rights)通过规定政府不得剥夺个人权利而控制权力。

权力的必要性

矛盾的是,无论社会还是社会组织离开了权力都无法正常运转。如果没有征收税收与财政支出的权力,以及制订并实施法律法规的权力,国家政府就无法发挥其基础作用。如果警察无权执行交通法规,则交通秩序将一片混乱。如果董事会与管理者无权规划并实施企业战略,无权决定雇员的去留以及薪酬,则整个商业组织就会瓦解。由于认识到权力的必要性,所以,民主社会允许某些个体和组织在多数人认为合理的政策、习俗或法律允许的范围内拥有一定的职权。

在前言中,权力被界定为配置资源、制订和实施决策的一种潜能(potential)。具体到一个组织,权力意味着赋予某人在处理事情时拥有下列潜在优势:

- 决定部下的薪酬
- 获得关键项目所需的资金、物质或人员
- 有获取重要信息的渠道
- 清除前进的障碍
- 决定关键目标并为之调配资源

上述活动在商业管理中至关重要。没有权力,就无法作出上述决定或从事上述活动。影响他人的权力同等重要，它可为重要目标整合力量，激励雇员。很难想象，一位不具有上述任何类型权力的管理者能够成功。

矛盾的是，个人权力的社会失信并没有完全移植到工作场所。相反，人们反而希望某些人比其他人拥有更多的权力。事实上，许多雇员宁愿为在组织中拥有职权的、神通广大的管理者工作，因为他们这样做可以提高自己的知名度（visibility），得到职务晋升，以及享有某些资源。对部下而言，在位高权重的老板手下工作还意味着一种身份。与此相比，为无权的老板工作好像身处漆黑的旷野，看不到一丝光明；无权老板的部下们也感到无助，并通常对这种状态感到不满。

更有甚者，许多证据证明，无权的上司对其部下更倾向于专制、残酷。罗萨贝丝·坎特曾指出，“无权（powerlessness）……有可能产生发号施令者（bossiness），而不是真正的领导者。至少在规模较大的机构中，无权（powerlessness）通常形成无效率、散乱的管理，以及褊狭、独裁和僵化的管理风格。”[2]不掌握实权的管理者们无法获得承担其责任所需要的资源。这也导致其部下们产生挫败感，并委靡不振和无效率。

因此，与压抑和委靡不振相比，广泛应用于工作环境的职权更有可能提高效率和产生激励效应。在此假定下，没有职权的中层管理者就会降低工作效率。

威廉（William）以市场分析员的身份首次任职于 Ultra Electronix。值得欣慰的是，在六年的职业生涯中，他为公司的市场研究部门做出了重要贡献，并不久被提拔为市场研究部主任。凭借他的技术专长、有效的市场评估及与其他部门富有成效的合作，威廉逐步获得了更多的职权、影响力及相应的预算。他的五份指导报告都充满了高度的自信。

威廉的美誉度和影响力也得益于其上司——哈罗德(Harold)的支持。作为主管市场营销的副总经理，哈罗德十分认可市场研究的价值，并确信市场研究在高端产品决策中的关键作用。

然而，随着哈罗德的退休，威廉在公司中的地位迅速地发生了变化。哈罗德的继任者托尼(Toni)，则将她的关注点锁定在市场销售机构，她并不信任正规的市场研究。并认定，与客户之间的人际关系(personal relationship)是决定市场和营销成败的最关键和最终的因素。由此，她削减了20%的市场研究预算，威廉也被迫解雇了一位市场分析员。对此，人们并不感到意外。

在托尼的制度安排下，威廉感到他的部门权力慢慢地被削弱了。随之，其影响力和激励部下的能力也在不断下降。他不再推出令人激动不已的项目，也没有相应的奖金与下属分享，工作变得单调乏味。对他而言，工作汇报不再能起到接受提点和指导的作用，或者意味着职业发展的希望。

在工作中，类似于威廉的主管和经理们需要相应的职权。没有职权，他们会表现出如表1—1所示的特征。这将把管理者们变成缺乏智慧与热情的工作者。当情况发生变化时，没有职权和无法行使职权将导致管理者犹豫不决、贻误时机，甚至有时会造成巨大危害。杰弗里·普费弗(Jeffrey Pfeffer)在其著作《依权管理》

(*Managing With Power*)中将这种情况准确地描述为,"一个人能够十分满足、相当愉快、心甘情愿地充当组织内的隐者,但是,个人的影响力受到约束,开创伟大事业的潜能几乎完全被压抑,因为伟大的事业需要独立决策。"[3]不掌握职权者不会、也不能影响周边发生的事情。

表 1—1　重要职位没有权力的特征与根源

职位	特征	根源
一线主管	● 封闭、教条的监管 ● 倾向于自己做事,阻碍部下发展,并封锁相关信息 ● 下属有抵触情绪,消极怠工	● 无任何控制力的常规、僵化的工作 ● 有限的信息来源渠道 ● 个人/下属的职业前景黯淡
专业人员	● 部门保护,信息控制 ● 退缩到专业化的保护壳中 ● 抵制变化	● 服务性的日常工作 ● 阻碍职业发展 ● 易于被外界专家所代替
层管理者	● 关注降低内部成本,展示短期成果,惩罚失败 ● 专制,自上而下的交流	● 因环境变化而无法控制的供应链; ● 有限或不通畅的基层信息渠道

资料来源:改编自 Rosabbeth Moss Kanter,"Power Failure in Management Circuits," *Harvard Business Review*, July-August 1979。

权力与依赖

如果权力是高效管理的关键,它并不必然地伴随于职位而产生。新上任的主管和经理通常认为,源于地位的职权将为他们提供足以使其尽职尽责并能在组织中获得相应声誉所需要的权力。

他们相信,类似于星球大战中的皮卡德船长(Captain Picard)那样,他们只需要描述想做什么,并告诉其部下"照此去做"。然而,后来的现实让他们感到非常意外。他们发现,他们不是宇宙的主宰者,反而要高度依赖于他人:老板、部下,同事、供应商及其他。

由于资源的有限性,加之劳动力、信息分配于各个部门。所以,相互依赖是复杂组织机构中的现实生活,表现在各个层次上。相互依赖并不因拥有正式权力而消失。参看下面的例子:

- 休(Hugh)是一个繁忙的咖啡与夜总会的经理,依赖其每位职员迅速而高效地完成他们的本职工作。而休则忙于欢迎顾客,整理那些稍有懈怠必将混乱的现金账目。

- 威廉(William),市场研究所原所长,高度依赖于专业技术人员以完成部门工作。专业技术人员必须设计研究工具,并精确地度量消费需求和消费偏好。他还依赖于部门外的其他人员——公司的驻地销售代理。他需要销售代理人所掌握的,包括消费者反馈的调研知识,以此确定市场研究人员应关注的目标群体。

- 埃德加(Edgar),主管生产的副总经理,在公司重大问题上很难与CEO意见相一致。事实上,用怀有"敌意"一词可以更好地描述埃德加与CEO之间的关系。其他的执行官不理解为什么CEO不解雇埃德加,雇佣一个较为顺从的人员。而CEO却知道为什么。他依赖埃德加在生产资本方面的管理技能,埃德加虽然在工作方面很难相处,但他能够支持和帮助CEO在董事会和股东面前有出色的表现。

- 朱迪思(Judith)急于提高其职业技能。为此,她逐步意识到要依靠两个人：一位是为她分配工作以提高其技能的老板；另一位就是已与之建立起良师益友关系的资深经理琳达(Linda)。琳达毫无保留地向朱迪思介绍公司的全部情况，并赞成朱迪思被安排在重要的跨部门团队里。

上述每个例子都阐释了，为了成功，每个人，甚至于已大权在握的人是如何依赖于别人的。

尽管相互依赖削弱了许多人认为管理所需要的权力，或者说他们所渴望的权力，但是，相互依赖在现代组织中却服务于一个关键的目的，即，抑制权力的集中和滥用。没有了相互依赖，正如阿克顿所警告的，领导和经理们就会很快地变得腐败与专制。你将会在下一章里学习到更多相互依赖的有关内容。

行使权力：三种类型的管理者

假定人们为了工作需要获得权力，那么，他们如何行使权力？权力又如何刺激他们的行为？戴维·麦克莱兰(David McClelland)和戴维·伯纳姆(David Burnham)对上述问题进行了研究，并在2003年出版了其研究成果。他们发现，管理者使用权力的方法与其个人动机及其定义成功的方式有紧密的联系。为此，他们把管理者分为三类：附属型管理者(affiliative managers)、个人权力型管理者(personal power managers)和制度型管理者(institutional managers)。[4]

附属型管理者

在麦克莱兰和伯纳姆看来，相对于为完成工作去获得职权并行使权力，附属型管理者更看重被人们喜欢。当与部下打交道时，这类管理者的决定严重地受制于怎样才能让部下高兴，并把该点作为重中之重。因此，作出的决定往往是心血来潮的权宜之计，与手头工作对决策连续性的要求相去甚远。与令老板和部下愉快相处的决定相比，政策和程序处于次要位置。在三种类型的管理者中，该类型管理者是最懦弱、最低效的。

在他们所期望的状态下，附属型管理者无法应用职权达到特定目的。结果是可以预料的，关键目标无法实现。乔治·B.麦克莱伦（George B. McClellan）将军的案例就凸显了该点的重要性。

在美国南北战争（1861—1865）的早期阶段，麦克莱伦将军因其卓越的组织和训练才能而被授权领导美国的主要军队。他把波托马克（Potomac）集团军打造成了一部强有力的战斗机器，并制订了占领里士满（Richmond）——南方联盟政府的首府的计划。由此，麦克莱伦享誉于士兵和许多政治家之间，并被称为“年轻的拿破仑”。麦克莱伦也沉浸于上述名望之中，甚至在政治生涯中也有所表现。

除了总司令，亚伯拉罕·林肯总统之外，麦克莱伦将军几乎被其他所有的人所称道。林肯反复要求麦克莱伦带领军队与敌交战。但是，将军却犹豫不决，并喋喋不休地强调他需要更多的军队、更多的军需品和更多的时间做准备。他所发起的战役要么因胆怯而迟迟不决,要么就迅速地结束。被将军不情愿使用其大规模军队所激怒,林肯解雇了麦克莱伦将军,把军权移交给别人。“我亲爱的麦克莱伦将军”,林肯在1862年3月写道,“如果你不愿意动用军队,我想借用一会儿你的部队。”

麦克莱伦将军满足于现状和他在部队与公众中的名望。但是,他却没有行使职权以尽到其主要责任。所以,他不得不离开。你知道与之相类似的管理者们为什么不情愿做出强硬决定和行使职权吗?在很多案例中,不情愿的理由是害怕冒犯他人或失去声誉。上述管理者冒着与林肯所描述的某个人一样的风险:“亲爱的琼斯(Jones),如果你因担心失去你和部下的友谊而胆怯,那么,你必将被不害怕失去友谊的人所替代。”

为附属型管理者工作

越来越多的附属型管理者成为你的朋友,你的职业发展就越可能受到伤害。原因有二:第一,此类管理者作出的决定和相应的政策不具有连续性,这意味着你很难预测他们的行为。第二,相对于那些知道如何获得权力并高效行使权力的人而言,这类管理者在组织中更容易失去权势。随之,你将为一个失势的老板而工作。由此,你无法获得提升职业水平所需的资源和有形的东西。我们的建议是:走人。

个人权力型管理者

根据戴维·麦克莱兰和戴维·伯纳姆的观点,个人权力型管理者是一个特征迥异的家伙。该类管理者对权力的个人需求超过其客观需求。为了完成工作,他为自己和他团队的成员争取权力。与通过削弱周围人而获得权力的独裁者或专制者不同的是,这类管理者通常以民主的方式进行管理。部下们喜欢并总是忠诚于这类老板。因为他们的老板非常优秀,由此,他们感到自己也很优秀。在负面效应方面,这类管理者是争权夺势者,但不是优秀的制度建设者。参看下面的例子:

史蒂夫(Steve)——某公司销售机构的副总经理,精明、敢做敢为,是一位强硬的领队。在他就任目前职位的第一年,他调离了不胜任工作或无法完成工作的三、四位职员,换上了工作业绩稳定的人。他经常告诉他的雇员和销售代表"你们是在一个最好的商业团队里工作"。

史蒂夫对部下非常宽容,当部下与其他部门的人员发生冲突时,史蒂夫始终充当部下的后盾。"我们是销售人员(We are sales)。"他喜欢这样在动员会上鼓舞队员的士气。"如果我们卖不出产品,公司就没有任何成绩。没有!这就是公司的其他部门需要理解的。"

尽管史蒂夫完成了公司的销售目标,并使团队生气勃勃,队员信心十足。但是,他与其他部门也发生了摩擦,甚至达到了很难合作的程度。对史蒂夫来说,与其他部门的每一次摩擦都是一次机会:要么保护本部门的利益不受侵害;要么牺牲其他部门的利益来扩大本部门的权力。

你了解类似于史蒂夫的管理者吗?你知道,从公司层面上来说，他们并不是团队领袖。在与其他管理者相处时，彼此之间竞争激烈，争强好胜。一旦他们最终到别的地方另谋高就而离开公司，其部下就会产生一种“缺氧”的感觉，因为他们忠诚于自己的老板，而不是更高级别的组织。

为个人权力型管理者工作

如果你在个人权力型管理者的手下工作，可以预料，你所在的单位具有高度的团队意识。然而，由于该类老板与其他部门的关系疏远，与本部门外其他人员的合作就比较困难。你也会发现你必须在部门利益（如，你的老板）与公司整体利益之间作出选择。从长期来看，这样会不利于你在公司的职业发展，特别是假如你的老板离开以及当你的老板离开时。在这种情况下，最好的建议如下：

- 忠实于你的老板——该类型的老板要求忠诚，并激励忠诚。但是，这样做的前提是，你不被要求去做明显地损害公司和股东利益的事情。
- 建立并保持你个人在公司内部广泛的联系网络；这样做将提高你的效率。
- 让自己成为高度正直和有专业水准的人。那么，如果你的老板离开公司，以及当你的老板离开公司时，这样的声誉将会对你有所帮助。

制度型管理者

麦克莱兰和伯纳姆指出，最有效率的管理者与类似于史蒂夫的个人权力型管理者有相似之处（见图 1—1）。他们对权力的需求超过其实际需求,但仅此而已。制度型管理者为服务于组织而行使职权,而不是服务于个人目标。一般说来,该类管理者具有如下特征:

- 具有高度的组织观念;
- 有很高的职业道德水准;
- 为了集体利益愿意牺牲某些个人利益;
- 奖励为组织目标努力工作的个体。[5]

对于那些愿意努力工作并有一份好工作的下属而言,制度型管理者是最好的老板。他们是成熟的——不自私也不保守,并渴望奖励有突出成绩者。

改变你的管理风格

你能够改变你的管理风格吗?根据麦克莱兰和伯纳姆的观点,答案是肯定的。但前提条件是,你要十分清楚你目前的管理风格。你可以通过实际训练或者收集来自同事及下属的真实反馈信息而获得上述自我认识。

图 1—1 不同类型的管理者在管理效率方面的三项重要指标的得分情况

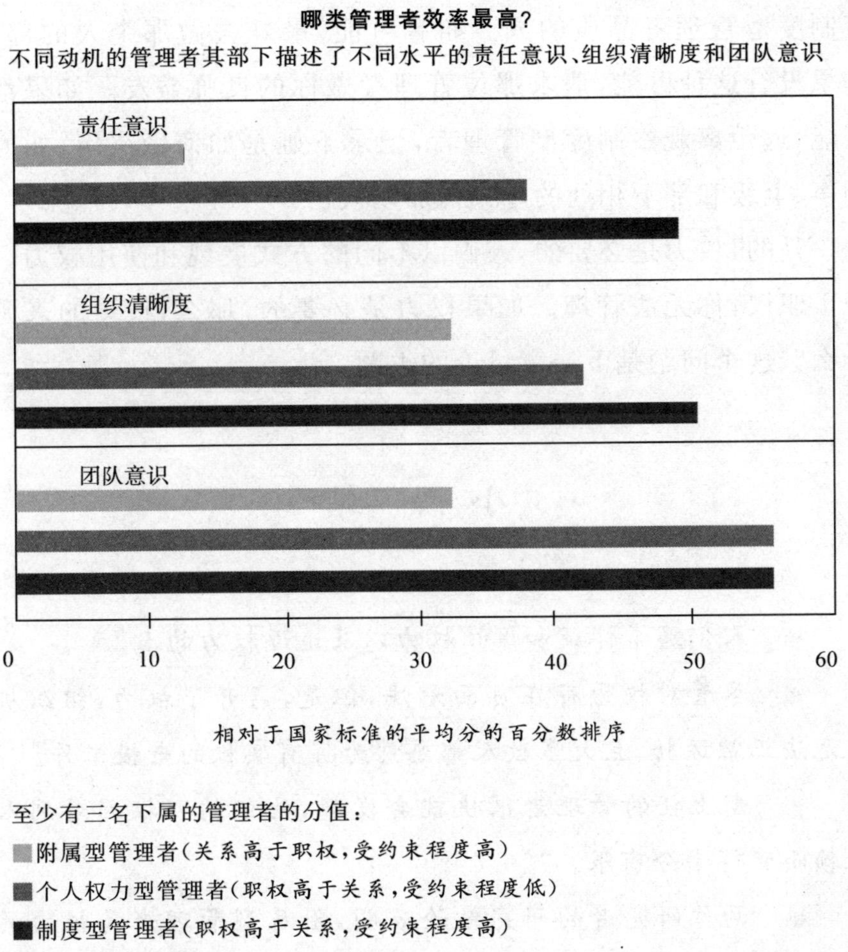

资料来源:David C. McClelland and David H. Burnham,"Power is the Great Motivator," *Harvard Business Review*, January 2003, 123。

认识必须伴随着行为的改变。例如,假如发现你属于附属型管理者,并且想成长为制度型管理者,那么,你必须采用制度型管理者的行为，并形成与之相似的行为习惯。或许，实现上述目标最卓有成效的方法就是识别并竭力仿效一个典型的成功角色——具有制度型管理者品质的人。如有可能，最好去做那个人的部下。如果没有这种可能，请求那位管理者做你的良师益友。如果都不可能，远距离观察制度型管理者，记录下她是如何做决定、如何与同事、上级和部下相处的，然后，加以模仿。

是的，权力是必要的，人们以不同的方式展现和使用权力。离开了职权，你无法管理。如果权力是必要的，那么，权力的来源是什么？这个问题是下一章讨论的主题。

小　结

- 人们通常怀疑和惧怕权力以及追逐权力的人。
- 尽管对权力存在负面看法，但是，离开了权力，组织机构则无法正常运转，且大多数人都愿意为握有实权的老板工作。
- 新上任的管理者很快就会发现，他们的职权因对别人的依赖而变得十分有限。
- 两位研究者的研究结论表明，附属型管理者是权力的低效率使用者。他们更多地对拥有权力的现状感兴趣，而不是为了实现目标去获取职权和行使职权。
- 个人权力型管理者追逐权力，并知道如何使用权力。但是，他们行使职权的目的通常是为个人服务。

● 制度型管理者，正如本章所描述的，代表一种完美的典型。该类管理者为了提升组织利益而行使职权，并把组织利益置于较个人利益优先的地位。

2 权力的来源

2 权力的来源

——如何挖掘权力

本章主要话题包括：

- 职务权力及其局限性
- 依存关系如何限制职权
- 人际关系是权力的来源之一
- 借助联盟扩大关系权力
- 互利法则
- 个人权力的来源
- 个人权力的拓展示例
- 辨析贵公司的权力所在

权力对于组织的运作必不可少。但问题在于：权力的来源是什么？一般说来，组织中的权力有三种来源：

- **职位**：你在组织中的职位赋予你某种层次的正式权力。
- **关系**：非正式权力来源于你与他人的关系。
- **自身**：有些人的权力源于自身。这种权力建立在他们自身所拥有的全面的知识、技术能力，以及明确表达他人认同的观点与想法的能力。

本章将帮助你理解上述三种权力的来源。一旦你理解了相关内容,你就有办法增强你的权力,用以实现你的目标,无论该目标是大是小。

职 权

职权源自你在组织中的正式职位。正式职位通常赋予你一个头衔、一系列的责任、某种程度的权势,以及对特定资源的掌控。然而无论是头衔还是一系列的责任,都不是真正的权力源泉。真正的权力在于对他人行为的许可权限,以及对于他人想要或者需要资源的掌控。这些资源包括:

- 关系到下属职业发展的任务委派权
- 项目立项与项目进程的许可权
- 预算、工作计划以及度假安排的审批权
- 业绩评定权
- 财权(通过控制与影响预算过程)
- 晋升与加薪的权力
- 材料与设备
- 信息

组织中的正式职位伴有一定的权势。例如,除董事会的否决权之外,CEO 有权做出最终决策。CEO 凭借职权能够决定解雇或聘用人员、资金如何分配等等。在位于 CEO 之下的较低层次,也可观察到类似的职权。库存经理通常在决定库存水平与记录人员的多少方面有最终的话语权。虽然在意见严重分歧时，库存经理的上司有权否决她的决定，但是她的决定通常是畅通无阻的。

职位赋予你一定范围内的职权，但职权的行使不能超越这个范围。例如，库存经理在特定的工作领域内具有支配权，但在诸如营销、财务等其他领域却无法行使任何权力。在营销与财务方面，她可以提供建议或判断，但决不可以发号施令。

职位还能赋予你控制特定资源的权力。例如，一架商用飞机的保安经理如果认为需要，可以让一架定点航班暂不起飞。即使是 CEO 也不想推翻保安经理的决定。

人们习惯于依赖职权及其权威性激励部下完成工作。"我是老板，这是你必须做的。"尚未发现或发展其他权力的新任主管和新任经理们尤其如此。但是，当依靠职权无法获得部下的合作时，那些过分倚重职权的人们就会感到十分震惊。许多情况下，部下憎恶被别人随意使唤，并以应付或怠工做出回应。

在人们习惯于挑战权威的时代，滥用职权几乎无效。哈佛大学教授约翰·科特认为这有两点原因。第一个原因，管理者要依靠众多员工，包括他们的下属；第二个原因，"实际上，现代组织中没有人会仅仅因为某某是'老板'就被动地唯命是从。"[1]

无论你使用职权与否，下属都非常清楚职权的存在。始终存在的职权总是把你与下属拉开距离。因为部下们非常清楚，你能影响他们的生活。接受采访的一位管理者这样说：

部下把你看做另一个阶层的人，一个能够帮助或伤害他们的人。因此，你必须非常小心如何与下属谈话。他们认真地听你讲话，并揣摩着你的情绪与意图。而你的情绪与意图必定会影响他们。即使是开玩笑的话语，无意中也会具有影响。例如，你开玩笑地说："哎，如果这个计划行不通，有些人就得辞职了。"这类随意的玩笑会提醒部下：你有权力减少他们的薪水，甚至让他们走人。

另一位管理者这样说："无论你喜欢与否，人们之间职权的差别决定了他们的关系。作为经理，可能你希望与部下保持友好的关系。但是，只要你有权评估他们的表现、促进或是阻碍他们的职业发展，你与部下之间就不存在一般意义上的朋友关系。"

以下是最有效行使职权的几点提示：

- 仅在绝对必要时才使用职权。要知道，仅凭职权很少能完成既定目标。作为管理者，你要依靠部下以及其他部门的帮助来完成工作。那么，只要有可能就利用说服和其他方法来获取你想要的东西。

- 明确自己的职务权限，不要试图越权。例如，如果你是公司顾问，你可以对所有法律方面的事情行使权力。但是，不要在他人有合法职权的营销或财务领域指手画脚。

- 防范他人篡夺你的职权。野心勃勃的经理们总是想方设法扩大自己的权力。但你绝不允许他们以牺牲你的利益为代价达到上述目的。例如，如果你的老板单独接触你的直接下属(direct reports)去分派工作，或是评估他们的业绩，你必须就权限问题与你的上司进行交谈。他对你的权力与职责的侵占会削弱你的职权，从而削弱了你完成上级分配给你的任务目标的能力。

关 系 权 力

“关系权力(relational power)”是基于你与他人之间私人关系的一种非正式的权力。例如,一位教师可以利用关系权力影响其弟子的行为。联盟(coalition)是另外一种形式的关系权力。当为了完成任务单位之间需要合作时,高效率的管理者们就会依赖联盟。如果能够成功地形成各种合作关系,即便管理者们的职权非常有限,但仍可以行使很大的权力。

基于联盟的另一形式的关系权力——“依存关系”,有人称之为“互惠法则”(The law of reciprocity)。下面来思考上述每一种权力的来源,并讨论如何增强你的权力。

通过联盟增加权力

联盟能使“弱势群体”获得可以使他们的建议得到认可的权力,或是拒绝他们认为无法接受的提案所需要的权力。正如 20 世纪 40 年代一首名为“团结到永远(Solidarity Forever)”的工会会歌所言,单个人的力量微不足道,相比之下,团结就是力量。联盟常见于劳工关系、政治、外交以及战争。目前,联盟在商界也得到了广泛的应用。

你应该了解两种联盟类型:自然联盟(a natural coalition)和单

项联盟(a single-issue coalition)。自然联盟是具有广泛的共同利益或兴趣的联盟者所组成的联盟;单项联盟者是在其他方面有分歧,但就某一问题存在共识的各方团结起来(往往出于各种原因),支持或阻止某一事件所结成的联盟。

自然联盟通常具有持久性。因为联盟各方具有广泛的共同利益,并在一系列问题上意见一致。例如,产品开发小组与公司销售机构的领导目标相同。因此,当财务分析家试图阻止他们视为重要的新产品线的时候,两部门就会采取一致行动。他们在改进现有产品的项目方面也具有共同利益。广泛的共同利益决定了自然联盟不易解体。

相反,在其他方面不存在相关性的单项联盟的力量相对有限。这是因为:(1)合作基础的有限性,而且(2)联盟是围绕暂时的问题。因此,单项联盟没有自然联盟持久,而且容易被击败。尤其是当对立方能够分化并征服其中的成员时。例如,为了阻止开发商在林区建造购物中心,劳工协会与自然保护团体也许会结成联盟。由于结盟各方均有自身加盟的原因,因此,对立方有可能离间联盟成员。如果业主发现另一家开发商曾经与劳工协会交往不错,劳工协会就可能不再反对,而剩下自然保护团体独自对抗开发商;也许会有这种可能性:开发商同意采取措施使购物中心的修建对环境的影响最小化,那么,自然保护团体就可能退出联盟,留下劳工协会与开发商单打独斗。

公司中有一些具有广泛的共同议事日程的其他雇员,你可以通过参加他们的联盟来增加你的关系权力。现在花点儿时间做下述事情：

- 问问自己：如果我成为志同道合的某联盟的一员，我能更成功地解决管理工作中的什么问题？

- 如果结成联盟是解决问题的可行办法，那么哪些人或哪些部门是理性且可靠的盟友？

如果结成联盟是可行的办法，就结盟吧。但不要被动加盟。如果你表现出领导力、可信赖性，并且关心盟友的利益，你就可以增加你在公司的"关系权力"。

依存关系

人类社会具有天然的"依存关系"。在某些方面，我们需要依赖他人；而在另一些方面，别人则又依赖于我们。中世纪欧洲人的日常生活具体而生动地解析了上述依存关系。如：在"诺曼征服之前"(pre-Norman)的英格兰，当遇到困难时，每个自由人都要依赖当地乡绅——一个小小绅士的保护。为此，乡绅备有坚固的房屋。反过来，而乡绅又需要当地每个自由人的劳动以及粮食。否则，乡绅无法修建堡垒、购买武器或雇佣侍从。然而，乡绅还依存于另外一种关系，它涉及到乡绅的上级——伯爵。乡绅寻求伯爵的保护与主持公道。但在战争期间，伯爵又要依靠每一位乡绅与侍从们为其提供军需品。对中世纪的人们来说，这种依存关系相当重要。每个人都为别人做出某些贡献；作为回报，每个人也从别人那儿获得利益。当然，处于依存结构顶层的人们是最大的受益者。

与此相似，复杂的组织也受制于多重依存关系。比如，市场调研人员需要公司销售代表收集的实地资料以及营销部门的资金支持。反过来，营销部门对市场调研人员所提供的信息以及产品部门所提供的库存信息的质量要求也很高。商业组织中的每个功能部门都有几十个和它有依存关系的功能部门。上述依存关系存在于每个部门内部以及部门之间，但没有任何一种依存关系出现在任何人的正式职位说明之中，也没有出现于任何组织的流程图中。然而，对于单个人而言，它们都是关系权力的组成部分。

你有哪些依存关系？所有新上任的管理者们都惊讶于为完成任务而对别人的高度依赖。依存关系约束了管理者的选择。他们不能轻易地命令那些可以通过隐藏有价值的信息而进行反击的人。

从逻辑上说，你所具有的、来自依存关系的“净权力”(net power)是两个因素的函数：(1)别人对你的依赖程度（积极因素）和(2)你对别人的依赖程度（消极因素）。因此，你可以通过减少对他人的依赖度，或增加他人对你的依赖度，或者两者兼而有之，来增强你的关系权力。

为了更好地理解个人的依存关系，列一张如图 2—1 的表格，图 2—1 列出了一位地区销售经理罗兰（Roland）的依存关系。分清你所依赖的人与部门（以及依赖什么），同时分析依赖你的人与部门。这样有助于你了解自己的依存关系，并提供创建有利环境的途径，从而增强你的“净权力”。

图 2—1　罗兰在工作单位的依存关系

我依赖的人：	依赖目的：
丽萨(办公助理)	处理我们销售会议的具体事务
戴维(生产)	协调销售业绩与生产部门的关系
卡罗斯(财务)	使我了解最近的预算变动
琼(信息系统)	每周为公司和我的销售代表提供销售记录数据
多丽斯、珍、阿诺德、马科斯、楚门(我的销售代表)	完成年度销售定额、传递关于客户、竞争者与产品的实际信息
依赖于我的人：	**依赖原因：**
戈文(存货控制)	近期销售的动态信息
唐(下属)	分配给他有利于其职业发展的任务
卡尔(应收账目)	对付欠账的客户
多丽斯、珍、阿诺德、马科斯、楚门(我的销售代表)	依靠我肯定其业绩、辅助其完成重要的销售，需要我在特殊情况下同意放宽价格与条件

如果你想寻求职权变动的可能性，就要考虑你对他人依赖的性质，以及依赖程度有多深？绝大部分依存关系是有益的。但个别的依存关系会限制你的行动自由，从而削弱了你管理分内工作的能力。在图 2—1 中，罗兰依靠信息系统(IS)经理琼提供及时的销售数据就是一个很好的例子。在任何一个现代组织里，信息都是一种权力资源。因此，有些 IS 经理通过严格控制信息的收集与扩散以掌控这种资源。罗兰抱怨到："琼老是隐瞒我们的销售数据，我不得不央求她提供数据。而且，当我最需要数据的时候却几乎得不到数据。"

作为一位管理者，罗兰对琼的依赖关系不利于他提高效率。

他应该采取措施减少或消除这种依赖。他可以将销售数据的收集与存储转至营销部门，以便能够更直接地获取数据。这样做，可以在其他条件不变的情况下增强他的净权力。

先分析你对他人的依赖，再分析他人对你的依赖。从个人的角度看，上述任何一种关系都是积极的权力因素，且有助于提高效率。例如：在某种程度上，负责应收账款的经理卡尔（Karl）需要求助于罗兰向欠账的客户收款。卡尔会周期性地说："罗兰，哥兹莫（Gizmo）公司已经欠款三周了，你能不能给他们打个电话，请他们寄张支票过来？"罗兰知道他的介入有益于卡尔的本职工作——及时收回所有的应收账目。罗兰还知道：在客户要求特殊条件以融资购货时，卡尔对他的依赖也不断地为他提供了与财务部门的谈判权力。

卡尔对罗兰依赖程度越深，则罗兰的谈判权力就越大，招募新客户也就更自由。

花点儿时间琢磨一下你的依存关系，尤其是下面两点：

- 怎样减少或消除你对他人的依赖度？因为这种依赖关系会削弱你的权力。
- 怎样增加他人对你的依赖度？因为这种依赖关系可以增强你的权力。

互惠法则

互惠体系也能够增强关系权力。无论何时你惠及他人，你们之间的关系就发生了变化，受惠者就欠了你一个人情，这就是“互惠法则”。按照互惠法则，每个恩惠迟早要得到回报。不管是谁创造了人类社会，该创始人一定是个会计。因为很多事情的发生都是基于“可付出与可回收的个人恩惠”原则。我们本能地意识到，你为别人提供了帮助，别人就有义务在某天以某种方式给予回报。你的善举记入了“个人平衡表”(personal balance sheet)的“应收账款”(accounts receivable)部分。拥有许多可回收款项的人在银行里就有很多未来的资金。可以这么说，可回收款项为所有者提供了某些层面的权力。

处理你对上司的依赖关系

在很多事情上你要依靠你的上司：资源、信息以及偶尔的支持。既然这些方面都要依赖于他，那么与之保持良好的关系就显得十分重要了。但是，如何最好地处理你与上司之间的依存关系？在《权力与影响力》(*Power and Influence*)一书中，哈佛大学教授约翰·科特对成功的下属做了以下观察：

- 他们了解上司的目标、优势、弱点以及工作风格
- 他们了解自己的目标、优势、弱点以及工作风格
- 根据所了解的信息，建立令自己与上司都满意的人际关系

成功的部下也通过诚实的态度、保持与上司的沟通以及工作上的可信赖性来努力维持与上司的良好关系。

读过马里诺·普佐(Mario Puzo)所著的最畅销小说——《教父》(*The Godfather*)的人，都能回忆起唐·维托·科莱奥内(Don Vito Corleone)怎样获得了权力——在某种程度上是通过为其社

区的人们提供帮助建立了自己的权势。他的善举使得受益者在他需要帮助的时候为其提供了帮助。科莱奥内多年的善举(无论合法与否)成为他在社区拥有权势的基础。唐只是在效仿19世纪晚期美国东部城市政客们的做法。政客们使穷苦无助的选民不再与房东和警察屡屡发生摩擦,帮助他们找到栖身之地,安顿下来并领到薪水。选举之日就是选民门报答政客们之时。政客们先前对选民的恩惠就成为他们权力的来源。报恩者被要求不仅仅要单纯地自己投票,而且还要在其社区发动邻居为政客们掀起一场竞选运动。让邻居们来到投票处,有时一人反复为政客们投票。这种游戏的名字就叫做"互惠"。

你有什么样的"恩惠平衡表(balance sheet of favors)"?你是净欠债方?还是与唐·科莱奥内相类似的大债主?如果你是一个大债主——有很多"应收余额",应小心不要让那些无意回报的人利用了你的慷慨。像信贷经理一样,你应该判定哪些人既有能力也有意向进行互惠互利,你可以通过请求他们的回报做出上述判定。

关系权力中的一个有趣特征,在于它独立于你在组织中与位置相关的正式权力之外。因此,中层管理人员与职员个人能够行使基于他们帮助别人(互惠律)及其上级对其依赖程度所形成的权力。他们还能从联盟中找到权力的来源。

人际关系是一种很重要的权力来源,但必须谨慎使用。管理者必须清楚何时开发这些人际关系,但切忌滥用。

个人权力

最后提到的一种权力来源是个人权力。个人权力是排除你的职务权力与关系权力之后的另外一种权力。它是别人认可的你所具备的一种或多种个人品德函数。大多数情况下，个人品德包括：

- 值得信赖
- 与人为善
- 拥有对别人有价值的专长
- 以有说服力的方式交换观点与意见的能力
- 让人羡慕与敬重的业绩
- 调动他人情绪、促使他人忠诚的超凡魅力
- 有吸引力并且强有力的创意
- 对艰苦工作的热情与奉献
- 谋取同事合作支持的能力
- 自信
- 充沛的精力与体力

上述个人品德之和可以用来衡量个人权力。在正式权力缺失的条件下，个人权力使你能够领导别人，并且影响那些与你没有任何组织关系的人们的思想与行为。参看下例：

菲利普(Philip)以其辛勤工作和在柔性制造方面的专长获得了电子元件生产商——瑟普来公司(SupplyCo.)内部的广泛认可。

当 1985 年他加盟该公司时，将数据系统、机控设备以及生产过程进行集中整合还是全新与超前的理念。但是，菲利普掌握了技术诀窍，洞察到该技术的发展潜力，并拥有人际关系技巧，成功地把上述技术的应用融入到由他补充修改的公司新的生产战略中，并得以实施。该战略极为成功，增强了瑟普来公司的竞争优势。

在柔性制造方面站稳脚跟之后，菲利普又开始积极推进进行相关的创新：在瑟普来公司与其产业客户之间进行数字联结。菲利普对每个愿意听的人说："如果把公司的信息系统与客户的信息系统联结在一起，我们就可以更快、更好地为客户提供服务，这样做有助于双方消除高昂的库存成本。"由于菲利普在创意方面享有盛誉，所以，人们愿意听从他的建议。

你所在的公司有没有类似于菲利普的人？如果有，那么，在集团内他们的上级与下级如何看待他们？依靠努力工作、超前思维、不断的贡献以及激发别人兴趣的观点和较强的沟通能力，类似于菲利普的人们赢得了极大的尊重与关注。事实上，这类人并不是在任何方面都高人一筹。他们或许缺乏管理技巧。但是，他们的意见却得到尊重。他们是向别人提出建议、提供信息，甚至指出行动方向的一类人。自然地，当有重要事情需要讨论时，就会看到这类人的身影。

我们只需回顾一下已故的 W. 爱德华兹·戴明（W. Edwards Deming）——二十世纪七八十年代质量运动的领袖——的故事。从他的身上可以看到：非凡的个人权力造就了这位工业界的传奇人物。戴明具备上面列出的大部分的个人品质。尽管戴明仅仅是一位独立咨询师，而且又是在超过正常退休年龄很久之后才受到美国公众的广泛关注的。但是，戴明的个人权力却改变了分布于四大洲的大公司的思维与行为。

在 20 世纪 30 年代，戴明（1900—1993）在美国电话电报公司（AT&T）工作时跟统计学先驱沃尔特·休哈特（Walter Shewhart）学会了统计程序控制（SPC）原理。二战期间，戴明为美国的制造业管理者讲解 SPC 原理，帮助他们在生产军用设备与军需品过程中保证质量、减少浪费及节约资源。二战结束后，戴明受日本科学家与工程师协会（JUSE）的邀请，指导 JUSE 的会员学习 SPC 原理。由于日本的工业基础设施已被盟军的炮弹夷为平地，所以，日本人愿意接受那些能使日本经济迅速复苏的观点。

日本管理者与工程师们深受这位美国客人的影响，并对他充满了信任。因为戴明告诉他们不要用“误导人的”美国制造方法，而应采用其他方法。此外，日本人也非常敬重戴明在质量控制方面的专长，意识到戴明的理念能够改造并恢复被战争破坏的日本工业。

20 世纪 50 年代初，质量控制已成为日本工业追求的宗教式目标，而戴明是其崇高的教父。JUSE 设立了年度“戴明奖”。即使到现在，最遵从戴明原理的公司还会受到表彰。[2] 20 世纪 70 年代后期，戴明的理念在其祖国得到复苏，使之成为最受高层管理者追捧的演说家与咨询师之一。

戴明的实例说明了一个没有职权或物质资源的个人是如何能够影响别人，并影响事物发展进程的。你可能知道与戴明相似的其他人。他们的个人权力源于何种个人品质？你是否具有这些品质？

个人权力与非正式领导

你有可能遇到许多这样的情形：你必须进行领导和管理团队，但你却不是老板。即，你没有正式职位赋予的相应权力。这种现象在跨部门管理的组织中司空见惯。也许一位或多位小组成员的官衔都高于组长。个人权力在这个时候则至关重要。想了解更多关于不是领导者的领导知识，请阅读附录 A。附录 A 给出了应对这种挑战的五步法。

自我评价

你有怎样的个人权力？表 2—1 列出了通常与个人权力相关的品质。对照每一条，自我测评一下，然后请一两个客观且了解你的同事再测评一次。两次测评的综合得分可以为分析你的优势与弱点提供很好的参考。如果你消除了自身的弱点，你将会增加你的个人权力。

表 2—1　个人权力测评

权力特征	低于平均水平	平均水平	高于平均水平
值得信赖。敢讲实话。 **与他人交往的能力**。知道给予与获取的价值。 **别人看重的专长**。具有能够转化为商业成就的知识与技术专长。			

表 2—1(续)

沟通技巧。能以有说服力的方式与别人交流观点与意见。			
绩效。做出令人羡慕与敬重的贡献。			
个人魅力。带动他人激情与忠诚的风格。			
有力和引人入胜的创意。始终想在同类人的前面。			
专注与热情。不轻易改变方向或者泄气。			
每个团队都欢迎其加盟。促进同事合作的能力。			
自信。不害怕在重要事情上发表己见。			
精力与体力。不知疲倦地追求关键目标。			
可靠。永远说到做到。可信赖地完成分内工作。			
每项总计			

你所在组织中的权力何在?

为了有效地应对权力,你必须清楚你与他人在组织中所拥有的权力。像电流一样,权力看不见、摸不着,但是,你却能感受并观察到它的效应。先从分析自己着手。你的权力源于何处?它们是正式的还是非正式的?比如,你的官衔或职位是否带给你某些特权?谁依赖于你?你有多少位居良好职位的同事、上司与部下欠你的人情?你控制何种资源?你是否正在通过加入联盟来提高你的权限?你的个人权力(沟通、知名度、技能等等)是否赋予了你某种特殊权力?与那些和你打交道的人相比,你的权力是大还是小?

应用上述同样的方法,分析与你相互影响的人。包括指挥链(chain of command)内部你的上司与部下,以及指挥链之外其他部门的人员。如果你是老雇员,你也许能够指出最有权力的人员与

部门。如果你是来公司不久的新雇员，可以在下述场所寻找掌握权力的人：[3]

- 薪水最高的领导，或者薪水最高的新员工所在的部门或经营单位。薪水的多少往往是判断高层管理与董事会看重什么的有用指标。

- 在高层管理中代表最多的部门或经营单位。比如，一些公司条件反射式地就去财务或销售部门寻找其下任CEO。与此相反，踏破铁鞋也难找到某家大机构会把最高职位交给人力资源部门的人；那不是权力之所在。

- 执行官会议室。在对有关公司战略与资源分配进行关键决策时，谁坐在会议桌边？

- 与CEO办公室的距离最近。有关宫廷的旧观念仍然在我们的商业机构中延续。掌权者通常在靠近总裁个人房地产的总部大楼里办公。

只要简单地对照一下上述权力指标，就可以粗略地测算出个人权力或者老板的权力。

现在，你理解了组织中的三种权力来源：职务权力、关系权力和个人权力。对上述权力的理解有助于你处于一个有利的位置，以开发实现你的某种目标所需要的权力。

小　　结

- 与组织中正式职位相联系的权力或权威体现在每一层

面。职权赋予一定范围内行动的权力，但几乎不足以用于做好事情。

- 关系权力是一种源于你与他人关系的非正式权力，有些关系权力代表依存关系。依存关系可以提高或者限制你的权力。
- 如果你的行为惠及了他人，你与受惠者的关系则发生了变化。受惠者现在欠你一个人情。这就是互惠法则在发挥作用。互惠法则影响关系权力。
- 加入联盟可以扩大你的关系权力。
- 个人权力是一种或多种个人品德的函数。它包括创意、专长、技能、魅力、沟通技巧与可信度等。当其他类型的权力极其有限时，上述品德能为你带来一定的权力。
- 你应该搞清楚所在组织的权力来源。薪酬数量通常是一个指标。

权力、影响与说服

3 影响力

3 影响力
——你的用权之道

本章主要话题包括：

- 影响力是行使职权的一种机制
- 影响为何是双向的
- 扩大你的影响域
- 通过“通货交换”形成影响力

职权就像电能，它只是一种潜能，只有通过某种表现方式它才能成为一种真正的权力。在组织中，职权通常表现为影响力：无须命令或威胁就能改变、指导或影响他人的行为。

就其自身而言，权力本身并没有价值。个人可能希望利用权力进行自我保护，或者实现个人抱负。但是，对于某个组织而言，权力只有在被用于实现法定目标的时候才具有价值。本章说明直接权力的局限性，以及管理者如何行使职权以间接影响的方式获得他们理想的结果。

权力与影响力

如前所述，权力是调动资源以及影响他人的潜能。金·巴恩斯(Kim Barnes)在其《施加影响》(*Exercising Influence*)一书中指出：权力是你所拥有的某种资源，而施加影响却是你要做的事情。[1]例如，老板有权力给你加薪、晋级；但是，他也可以让你走人。老板会仰仗上述权力左右你日常工作的方向与质量，而这正好解释了“权力完全是一种只有以某种方式被开发才能产生理想结果的潜能”这一观点。

我们将影响力定义为：人们利用职权改变他人行为或态度的一种技巧。与职权不同的是，影响力不需要依赖强迫、强制或直接命令就能产生一定的效果。但是，在某些情况下，人们却能够且必须直接行使职权。例如：

- 控制资源的配置
- 处理争端
- 雇佣、解聘以及提拔个别雇员
- 分配任务

然而，直接行使职权存在两大弊端。第一个，也许也是最显著的弊端是：最终接受命令的人会对命令做出敷衍塞责的反应。直接行使职权回避了在许多工作场合需要双方认同、错综复杂以及收买人心的过程。而该过程通常会增强员工的责任心，并愿意出色地完成工作。除非直接接受命令的人已承担了某个项目或目标,否则,他们单独工作时就会心存不满。应该对完全在直接命令下工作的人进行严格的监督,如果职权缺乏合法性,直接接受命令的人甚至可能会"反叛(rebel)"。

第二个弊端是:直接行使职权会最终耗尽职权的能量。如果你同意把其比喻为"权力电池"(power battery),那么,你就会接受如下的观点:无论是执行官还是一般的管理者,如果反复依靠直接行使职权才能完成任务,其最终结果必将是把"权力电池"的电能挥霍一空,除非给电池重新充电。这就意味着,人们必须审慎地行使权力。权力应该仅仅用于最重要的事情上。而以影响的方式行使职权所需要的权力供给则较少,对权力电池的耗电量也较少。

不过,在某些场合,直接行使职权是可以接受甚至是受欢迎的。或许最好的场合就是发生危机的时期。在危机时期,人们往往会舍弃难以捉摸的统一认识、职工授权以及集体决策的过程,因为该过程既缓慢又具有不确定性。实际上,当身陷危机的人们其生存受到威胁时,他们更希望有一个意志坚强的领导来统帅、决策并指导他们的行动。

战争时期的民主国家,出现了许多人民积极支持最高权力机构集中决策的鲜明事例。如,以分权、"人权法案"以及限制政府对民众的权力为荣的美国,在其内战(1861—1865)、第二次世界大战(1941—1945)以及近年的"反恐活动"时期,许多重要权力被转移到最高执行官的手中。而且为了维护整个国家的利益,各种不同的个人利益都作出了妥协。对此,公民自由的倡导者们进行抗议，宪法专家也在抱怨。但是，一般民众似乎对上述变化感到满意。因为绝大多数民众希望政府拥有更多的权力以对付国内外的敌人。

然而，即使在危机时期，有能力的领导者也意识到，通过间接地行使职权——即，通过施加影响，可以取得更大的成功。以下是几种通过间接使用职权施加影响的例子：

- 设定重要议题的框架
- 鼓励人们认同组织目标
- 寻求跨部门合作
- 鼓励高标准

上述几种影响方式适用于早先提到的任何一种权力——职务权力、关系权力或个人权力。不过，每种情形的结果基本相似。即，激励他人自愿做你希望他们做的事情。这使人想起马克·吐温(Mark Twain)的《汤姆·索亚历险记》(*Tom Sawyer*)中的著名片段。汤姆成功地说服了其他男孩为波莉(Polly)姨妈的篱笆喷刷油漆。这项工作让孩子们觉得非常有趣，并由此感到十分荣耀，以至于其他男孩坚持承担这项工作，甚至还为了获得这种特权而付钱给汤姆。

让我们思考一下前面提到的有关如何借助影响力间接行使职权的第一个例子。

影响力是双向的

说到影响力，不妨将其视做一条双向道。为了有效地对他人施加影响，管理者必须接受他人的影响（见图 3—1）。影响别人的同时却不受别人影响的人，只是在直接地行使职权。

图 3—1 影响力以两种方式起作用

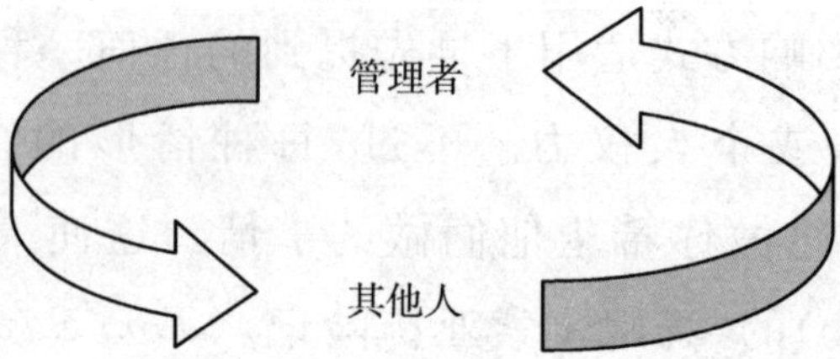

我们认为，与不愿意接受别人影响的管理者们相比，那些乐于接受同级或部下影响的管理者们更受人尊敬，更有影响力和更加成功。善于接受别人的影响，甚至是部下的影响，可以产生两个重要的结果：首先，它是信任与尊重他人的具体表现。为了获得他人的信任与尊重，你必须信任和尊重他人。其次，它是获取信息与洞察经营环境变化的渠道。不愿接受他人影响的人，就无法了解有关环境变化的信息。因而就会承担面临突发事件而措手不及的风险。

一个很好的例子是关于通用汽车资深执行官的故事。20世纪80年代初，执行官们未能接受负责公司产品质量与可靠度（Q&R）的管理人员的影响。Q&R管理人员试图用经验数据让其上司相信，日本的汽车厂商在客户关心的质量问题上正迅速地超过GM。执行官们至少在后来的两年内对上述观点充耳不闻。显然，最高领导者能够影响负责Q&R的管理人员，但反过来却行不通。[2]

接受别人的影响始于充当一个积极的听众。积极聆听在传递你认真关注并急切想了解信息的同时，又有助于你把握对方想要讲的内容。以下是做一个积极聆听者的小贴士：

- 目视讲话者。
- 适当做记录。
- 当对方讲话时不要急于阐述你的观点，要全神贯注于讲话者及其所讲的内容。
- 注意讲话者的肢体语言。与言语一样，肢体语言通常也反映出对方的感情。
- 通过提问以便获取更多的信息，并鼓励对方继续谈下去。提问还说明你在专心地听对方讲话，而且对其所言非常感兴趣。
- 用自己的语言重复你所听到的内容，以确信你已明白对方表达的信息。并让对方知道你已经理解了他/她的话："所以，你提到……"。但不要过多地重复，否则会令人厌烦。

在与人交谈时，你也可以通过提出开放性的问题表明你愿意接受别人的影响。对于开放式的问题，不能简单地以"是"或者"不是"给予回答。例如,不要说:"这个想法有意思。你认为它会解决我们的问题吗?"对这样问题的答案有两种——"会"和"不会"。但上述任何一种答案都不能提供有价值的信息。相反,如果这样说:"这个想法有意思。它会怎样解决我们的问题?"或者:"这个想法有意思。其他人对此有什么看法?"上述开放式的问题能让对方可以更充分地表达他们的观点,你也能够从中获得更多的信息。

但是,接受影响并不仅仅要求只需倾听别人的观点和意见。你必须把那些好的观点和意见转化为行动。如果你所做的事情只是倾听,听完之后仍然是我行我素,则表明你并没有认真对待别人的意见和建议。或者,你并不想接受别人的影响。人们尊重并信任那些认真对待其意见的领导者与管理者;而这种尊重与信任也使得他们易受上述领导者与管理者的影响。但是,对那些征求别人的意见,但不重视别人意见的领导者与管理者,人们很快就会失去对他们的尊重与信任。

影 响 域

我们大多数人都熟悉"影响域"这一概念:人们能够有效产生影响的范围。在地缘政治学中,一个国家的影响范围是一个自然区域,在该区域内,该国具有高度的如果不是支配性的政治影响。因此,拉美和加勒比海地区传统上一直属于美国的影响范围。而东南亚和朝鲜则归属于中国的影响范围。

中美两个大国在其邻国以及与之具有观点、语言和商业联系的国家中影响最大。中美两国对那些依赖它们的军事、政治以及金融支持的国家也具有强大的影响。但是，对于那些空间距离遥远，或者在思想、语言和商业等方面没有联系的国家影响较弱。我们通常将影响域概念定义为一系列的同心圆。离圆心越近，则影响力越大；离圆心越远，则影响力越弱(参见图 3—2)

在冷战时期，两个敌对的超级大国——美国和苏联，都致力于强化与扩大自己的影响范围。例如，两个超级大国都试图任命或者扶持与其目标一致的地方政权。如，苏维埃联盟利用所谓的“东方集团国家”的共产党员，对其附属国的最高领导层施加了巨大的影响。而美国在拉美与非洲的部分地区也进行了类似的活动。当美国在智利的影响因智利共产党政府的选举上台而结束时，美国特工则开始为最终推翻了共产党政府的智利叛军提供支持，重新建立了智利与美国的友好关系。

在另一些地区，两个敌对的超级大国通过经济与军事援助扩大其影响范围。如，苏联试图通过为埃及巨大的“阿斯旺大坝(Aswan Dam)工程”项目提供军用设备、技术援助以及其他资源的方式，达到在中东建立影响据点的根本目的。在商业组织里，人们的行为与之相似。例如，一位力求扩大影响范围的管理者，可能会在关键岗位提拔或安插“她的人”，并且为之提供丰富的资源。他们对她的忠诚度则保证了她具有高度的影响力。

图 3—2 影响域

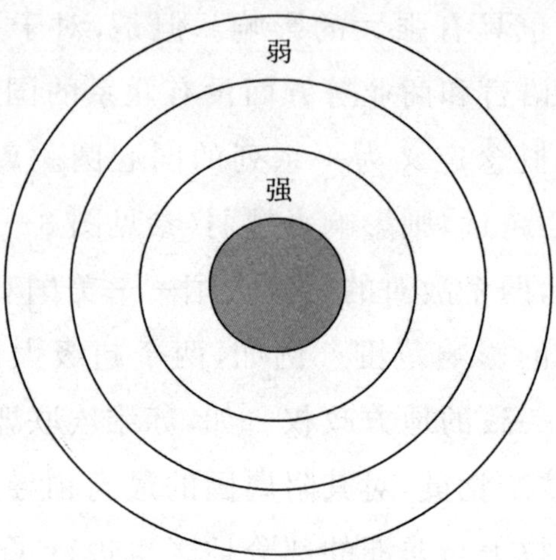

正如政治地理学所描述的，个人影响力可能在某种范围内较强，而在其他范围则较弱。一般而言，个人影响力的强弱是前面章节所提到过的一个二元函数：个人所拥有的某种或另外一种形式的权力，以及对他人的依存度。参看下面的两例：

卡罗琳(Caroline)在生产部门拥有职权。此外，“成功与有创意”的声望使卡罗琳可以影响掌控公司资源的财务部门。无论何时，当她所在的部门需要更多的预算内资金时，财务总监总会倾听她的意见——如果不拨款的话。因为卡罗琳运用其他方面的资金已经为公司带来了很多收益。

丹尼尔(Daniel)是公司的后勤经理。他的工作是为公司的每个部门提供办公场所与办公设施。除了很少的几个手下以外，他没有指挥权。但是,丹尼尔在公司内的影响范围很大。每个部门的主管都要依靠他提供工作所需的办公场地,而且他们会特意与丹尼尔保持良好的关系。

卡罗琳和丹尼尔的影响范围都超过了他们的正式权限。卡罗琳所具有的、超越其权限的影响力源于她的非凡业绩;而丹尼尔则是基于他对别人所依赖的重要资源的掌控。

花点儿时间勾画出你自己的影响域。以你的正式职权为起点,在什么范围内你的影响力最强?在哪些重要领域你的影响力较弱?显然,你对他人与事件的影响能力很大程度上取决于你的影响域。因此,如果你想拥有更大的影响力,则必须设法扩大或强化你的影响域。下述做法可供参考:

- 增强你的权力——无论是职务权力、关系权力还是个人权力。
- 想方设法将你的权力辐射到对你而言具有重要战略意义的领域。
- 深化或者扩展别人对你的依赖程度。
- 善于接受别人对你的影响。

努力扩大自己的影响域必须讲究策略。应优先考虑与你的成功最相关的领域。例如,如果你是物流经理,显然,与其他部门相比,在生产部门、营销部门以及重要的船运公司建立相互的影响关系,对你的成功更为关键。所以,在判断你的影响域时,要回答下面的问题:我的影响力在*哪儿*最重要?回答完这个问题后,你就应想方设法创造这种影响。下一章将研究该问题。

用“通货交换”增加影响力

在1989年出版的畅销书——《非权威的影响力》(*Influence Without Authority*)中,为了帮助商业人士理解如何获得与扩大他们在组织中的影响力,作者艾伦·科恩(Allan Cohen)与戴维·布拉德福德(David Bradford)引入了“通货交换”(Currencies of exchange)这一暗喻。在两位作者看来,通货是(代表)影响力的货币,它们是可以给予潜在合作方的一种资源——产品和服务,以便达到合作的目的。科恩与布拉德福德写道:“因为通货代表能够交换的资源,所以,它们是获取影响的基础。如果你的库存中没有通货,你就无法获得你需要的东西。”[3]

盘点一下你能支配的通货——用以形成你与上司、同僚以及部下产生影响关系的产品和服务。对于你的上司,你可以帮助她完善不久她要演示给高管们的PPT幻灯片。或者,你也可以只是提供确保其获胜的信息。对于同僚,让他/她免费使用你的实验室是一种很受感激的通货。而对于下属,交给他/她一项极具挑战性的新任务,或把他们的成就公布于众,并使之得到公众认可。对下属而言,这样做也许就是一种价值极高的通货。无论你提供给别人的是有形的商品还是无形的服务,事实上,只要对方看重它,你对他就产生了一定程度的影响力。

有效使用“通货”的关键在于你是否能够了解别人想要什么、

注重什么。而当你对于什么能够激发、鼓励他人，以及对他人所关注内容的认识不再肤浅时，你就理解了他人。人们真正关心什么？职业生涯中想取得怎样的成就？什么在威胁他们？什么在阻碍他们取得成功？他们对于世界以及组织的看法与你有何不同？如果能够回答上述深层次的问题，你就能够在进行"通货交换"的过程中处于更有利的位置，并且影响那些与你有关系的人们。

小　　结

- 影响力是人们借助于权力改变他人行为和态度的一种机制。与权力不同，影响力不需要使用明显的强迫、强制或直接命令就能产生理想的效果。
- 如果你想影响他人，就必须首先接受他人对你的影响。
- 你可以通过积极倾听及提出开放性问题的方式，传达你愿意接受别人影响的信息。
- 个人影响力的大小是包含两个因素的函数：你所拥有的某种或另一种权力（职权、人脉或个人能力），以及他人对你的依赖程度。
- 你可以利用你能够支配的通货（商品和服务），在组织中建立与他人的影响关系。上述通货的形式可以是技术援助、信息、出借场地和设备以及安排美差等等。
- 使用通货的关键是了解别人需要什么或者看重什么。

权力、影响与说服

4 影响策略

4 影响策略
——施加影响的三种方法

本章主要话题包括：

- 设计议题以便影响结果。
- 利用信息影响思想与结果。
- 问题越复杂,技术专家的影响力就越大。

既然你已熟悉了影响力的一般概念,那么,就应该考虑如何将权力转化为影响力的技巧问题了。本章研究其中的三种方式:通过架构问题、信息和技术权威增强影响力。上述每一种方法都是影响别人的实用技巧。

以自己的方式架构问题

"框架"(a frame)是我们观察现实世界或特定问题的心灵窗口(mental window)。例如,20 年前人们对核武器存在的关注,集中在"美、苏两个超级大国会不会相互发射导弹"方面的担忧。这样的相互发射可能源于导弹仓库的一个大脑不正常的工作人员,或是一份内容为"对方已经发射火箭"的错误的雷达报告。有些人担心其中的一方或另一方可能会先发制人。然而，与过去相比，现在人们对核武器问题的看法有很大的不同。人们现在担心的是这样一种情形：某些流氓国家或隐秘的恐怖组织插手这些致命武器。

除非我们齐心协力，共同应对某些问题。否则，我们将会从自己关心的核心问题、利益、坚定信念以及偏见的角度去架构现实世界。因此，当一位皮肤病专家第一次遇见某人时，可能就会观察到该人额头上的一小块被太阳晒坏的皮肤，而其他人则不会注意到。当我们走进一群成功的商业人士中间，很可能会意识到这是结交新朋友，并从中学习有关个人成功的某些新知识的机会。而当一个房地产经销商走进上述同一人群时，很可能看到的却是满屋子潜在的房屋供需者。耳熟能详的一句老话——“锤子眼里皆是钉”，诙谐幽默地描绘了从个人视角架构问题的能力。

为别人架构问题或者设定议程是实施影响力的一种有效方法。正如杰弗里·普费弗(Jeffrey Pfeffer)在其《依权管理》中所言，“在要考虑和做出决定的议题范围内建构分析框架，往往等同于决定了结果。”[1]参看下面的例子：

一群出版社的经理被召集在一起，讨论戴维(David)——公司的一位管理者提出的方案。戴维建议公司应争取一项可以自定进度(self-pace)的十卷本学习用书的开发权。该书目前正被用于培训新来的证券销售人员，以便让他们通过资格考试。上述出版物与公司以前出版的其他任何产品都不同，并且要把该出版物直销给终端客户，而不再通过批发商和零售商。

桌旁的资深财务人员盘问了戴维有关生产与流通过程中具体

的收益与成本。他对戴维的提议毫无热情,冷漠地说到:"根据你的估计,该项目会有正的净收益现值,但仅仅有一点而已。而且其收益率低于我们对新项目的要求。"

财务人员的盘问刚刚结束,营销经理则接着更详细地询问了有关单位产品售价,以及戴维如何得出其预测收益等方面的情况。

戴维意识到,照此下去,可以预料,这次会议将是一个沉闷的项目评估会,而评估的标准则是收益与成本。如果他不迅速地转移话题,经理们将不会再讨论上述出版创意及其对该公司未来增长空间的潜在影响。

令人惊奇的是,戴维没有对有关具体数字问题作出回应,他礼貌地回避了第一轮问题,却出乎意料地重点强调了其他方面。"本提案不仅仅是一个关于单个项目的利润问题,"他开始说道:"它是一个打破沿袭十多年经营常规,并进入具有丰厚的边际收益和广阔的潜在增长空间的新市场的机会,也是一个把出版产品直接销售给终端客户,绕开那些拿走我们工作与产品的大部分利润的批发商与全国连锁书店的机会。"

与会经理们起初感到有些意外。但是,现在却聚精会神地倾听戴维的讲解。戴维的讲话击中了两大要害:丰厚的边际利润与广阔的市场增长空间。所以他们把发言权交给了戴维。"相比较而言,这种产品是赢利还是亏损并不太重要。重要的是,一旦我们在新市场站稳了脚跟,我们就抓住了出版良机。"戴维还把自己的项目比喻成二战时的诺曼底登陆。"以传统的标准来衡量,登陆的第一天损失惨重。如果人们只是计算第一天的得失,或许他们会说：‘我们应该待在英国。’但是，正是那一天，打开了取得更大胜利的大门。”

稍停片刻后，与会的管理者们又开始提问了。但是，他们这次所提的问题不再围绕短期销售与开支预算了，而是询问有关戴维的项目怎样能够促进公司发展以获得更多利润的内容。

在本例中，戴维决定性地重新设计了讨论的框架——这是一种对别人施加影响的有用技巧。他有什么资本这么做？显然，不是正式的职权。因为他的级别低于在座的诸位管理者。或许是戴维的个人能力(personal power)——过去的业绩、公认的专长或较强的思考能力，使他能够重新界定讨论的范围。

思考一下对你来说十分重要的工作方面的问题。你能否在合适的分析框架下处理这些问题？如果答案是否定的，那么，你如何发挥你的影响力去重新界定上述问题？你能运用职权或关系权力去重新界定它们吗？你能凭借个人能力的哪些方面去改变人们的思维方式？另外，再思考一下，你如何才能影响别人，使之认同组织目标、协同合作，并采纳较高标准。

当你促使别人以不同的方式看待问题时，你已经运用设计框架的手段对他们产生了影响。

通过信息施加影响

一般而言，出示有说服力的、难以辩驳的事实与数字能够影响他人和争论的方向。参看下面的案例：

2002—2004 年，两组有组织的城市居民就有关他们所在城镇现存的一片天然林地的去留问题发生了争执，并僵持不下。一群高尔夫球狂热者主张扩建现有的九洞高尔夫球场，将其延伸到林区，建成一个十八洞高尔夫球场。他们宣称，“现有的高尔夫球场是一台巨大的赚钱机器。”他们引证了现有高尔夫球场可以产生 25 万美元的年度利润，并特别提到，这些赢利支持了许多有益的市政工程，并为社区带来了诸多好处：儿童的航海计划、中学的计算机设备等等。他们说：“把现在的高尔夫球场扩大两倍，将会增加更多的、城镇政府所急需的资金收入。”几个镇的地方议员宣布支持这项计划，指出需要额外的地方财政收入。

这项计划的反对者是由徒步旅行者、赏鸟者以及想让这片林地保存完好的市民组成的联盟。他们也有官方的支持。

几个月过去了，双方都坚持自己的主张，否定对方的观点。在过去的日子里，他们各说各的。高尔夫球的鼓吹者大谈高尔夫球场创造的财政收益；而另一方，则宣扬天然林区的好处。上述两种价值观差距很大，以至于无法对两者进行比较。争论双方根本没有共同点。整个社区都参加了讨论，并权衡扩建高尔夫球场计划的好处及其环境代价。争论双方一时陷入了僵局。

就在这个时候，一位市民花费时间审查了现有高尔夫球场的财务状况。这是以前从未有人做过的事情，并最终打破了僵局。在这之前，争执的双方都毫无疑问地认可了镇上公园负责人计算的高尔夫球场的赢利数据。可是，那位市民的调查发现：50%的球场运营成本——包括水、员工福利、燃料、还贷等等，都来自于城镇的公共财政，在计算高尔夫球场的利润时并未把上述成本计算在内。按照该市民的计算，高尔夫球场的经营状态为赢亏相抵。更糟糕的是，其数字表明：修建与管理所提议的18洞球场所耗费的巨额建设贷款需要20年才能还清。

这一新的信息被提交给争议双方以及地方官员。当地电视台和报纸为之开设了专题新闻。新信息对争论产生了突然的、决定性的影响。现在争论的焦点不再是球场扩建产生的新收益与猫头鹰、金花鼠的矛盾，而是定格在高尔夫球场平庸的财务表现方面。现有高尔夫球场的经营状况为什么这么糟糕？为什么要掩盖球场的实际运营成本？基于客观事实，官方不再支持高尔夫球场的扩建计划。林区不仅免遭砍伐，而且还得到了保护。

这个真实的故事说明了信息是如何影响人们以及事情的进展的。在商业界，具有影响力的信息通常是财务数据。当然，财务数据的有效性至关重要。在拥有广泛读者的《管理会计兴衰史：相关性的遗失》(*Relevance Lost*: *The Rise and Fall of Management Accounting*)一书中，托马斯·约翰逊(Thomas Johnson)与罗伯特·卡普兰(Robert Kaplan)解释了粗略的成本核算(正如高尔夫球场的案例)如何发出错误信号，促使管理者在堵塞了真正创造价值的渠道之时，却支持了非赢利性的产品与项目。[2]而在其他情况下，倡议者要有选择地利用信息。正如一位律师在出示所有对其客户有利事实的同时，却闭口不谈对其客户不利的信息。因此，一位具有完全客观、理性以及诚实(个人能力的标志)声誉的个人，能够利用信息对内部争论和关键决策施加影响。

考虑一下发生于你所在公司的重要争论。也许这些争论源于产品创新、执行内部规划、价格评审、安装新设备或执行新战略等。无论是哪种情况,思考一下,什么信息能够影响上述争论。如果你能在公司所面临的关键问题方面提供准确的、相关的及客观的信息,那么,你就可以对上述争论施加影响,并且能够提高你的个人能力。

信息与总统辞职

为了理解信息左右局势的威力,我们只需回顾一下水门事件。1972 年 6 月,一起发生在民主党全国委员会所在的水门办公大楼的未遂夜间盗窃事件,揭开了美国历史上最大的一宗丑闻,导致强势总统退位。窃贼最初被传讯时,这件起因于尼克松白宫总统府的入室盗窃并没有产生轰动效应。如果不是一个告密者定期把内部信息泄露给两个乐于冒险的记者,整个事件也许只是过眼烟云。但是,两位记者一直追踪报道事情的最新进展,并最终使之成为全国关注的焦点。

《华盛顿邮报》记者鲍勃·伍德沃德(Bob Woodward)和卡尔·伯恩斯坦(Carl Bernstein)得到一位至今身份不明者提供的内部消息。这位被称作"深喉"的神秘人物帮助两位记者将一个不起眼的夜盗事件变成了一桩对美国而言具有深远影响的国家丑闻。

通过技术权威施加影响

许多重要决策涉及一些具有多方面才能的 CEO 和执行官们

所不懂的技术信息。为此,他们要寻求相关领域的人员给予指导,从而为技术权威创造了影响他人的机会。参看下面的例子:

弗雷德(Fred)和辛西娅(Cynthia)共同拥有一家成长性的小型信息技术服务公司,服务的客户为几十家小企业。两个人都几乎具备所有关于建立 IT 系统、网址开发和数据存储方面的技能,以此服务于数家小型代理商。他们是典型的技术专才。

遗憾的是,两人的知识并没有涵盖一个成功的成长型企业所要求的其他许多领域的专门技能。对于员工福利、税收、企业扩张的融资渠道等事务,两人毫无思路。意识到自身的局限性,弗雷德和辛西娅雇佣了一位具有 MBA 学位的、经验丰富的年轻经理乔治(George)。乔治不是数码奇才,但是他在企业战略与运作方面具有渊博的知识。加盟该公司不到 6 个月,乔治就名声大振。他成功地说服了弗雷德和辛西娅,让两位放弃合伙制而改为公司制。他又与当地银行谈判,以优惠条件偿还公司债务,并确定了一定的信贷额度。他还为弗雷德、辛西娅及雇员拟订了一份退休计划。更重要的是,乔治帮助弗雷德和辛西娅意识到为公司制订 5 年战略规划的重要性。

随着时间的推移,弗雷德和辛西娅越来越依赖乔治的商业敏感性与相关建议。随着对信息技术的了解越多,乔治的影响作用也越来越强。

无疑,在职业生涯中,你也会经历与之相似的情形:某个人的技术专长赋予了他或她特殊的影响力。这可能只是当代现象。300 年前,西方世界积累的绝大部分知识或许还写不满 1,000 本书。18世纪初期,受过教育的人们从《圣经》、古代伟大的哲学家和历史学家的著作等核心文献中吸取养分,并以文艺复兴的杰出人物、新兴科学与政治启蒙运动发起人身上吸取思想精髓。当时,任何能够得到书籍并有时间阅读的人们,都被视做掌握了那个时代知识的有学问的人。

今天,仅美国每年就出版近5万本书,学术期刊激增。知识总量远远超过最杰出人士的吸纳能力。结果,学习变得高度专业化,而我们越来越依赖于专业人士和技术专家,即被愤世嫉俗者夸张地描述为"花费越来越多的时间,学习越来越少的知识"的那类人。

现代世界的复杂性增加了技术专长价值的复合性。事实上,发达国家中的每个人都有机会接近计算机、化学合成物、手机、电子邮件和平面显示器。可是,我们当中却很少有人能够说明这些东西的工作原理;当然,我们更不会制造和修理它们。莫名其妙的复杂事物也侵袭了美国的税收代码系统,目前已经有22,000多页受到了影响,而且每年还在增加。我们只好把上述"复杂事物"和税收体系交给技术专家去对付,并听取他们的建议。

我们对这些技术专家的依赖性使其在企业和政府中具有巨大的影响力。例如,那些由营销和财务人员晋升为公司高级执行官的人员能够理解漂亮方便的电子商务网站的好处,但是他们通常并不了解创建和运行网站的细节:网站的强弱如何区分?创建一个网站需要什么?需要哪些人参与创建?成本如何?没有答案,他们难免要找技术专家。而最终,技术专家对于由无技术专长的高管做出的决策与经费开支影响巨大。

你具备公司决策者所依赖的技术专长吗？如果有，思考一下如何充分利用你的技术专长影响公司的重要决策。如果你缺乏技术专长，则应考虑如何通过在职培训和正式培训获取专长。

我们在此对影响力的探讨虽然远未穷尽，但却提出了一些人们用来影响他人的主要技巧。不过，最好的课堂是你自己的组织。所以，你要增强你的灵敏性。观察你所在公司中那些最受人尊重和最能干的成员是怎样影响你本人和其他人员的，并拜最高效和最有道德的影响者们为师。

小　　结

- “框架”是我们观察现实世界或具体问题的思想之窗。你可以通过设立“框架”去影响他人的思想和决策。
- 信息是另一种影响杠杆。但要确保信息的说服力和无以辩驳性。
- 你可以利用你在技术方面的权威来增加你的影响力。由于现代商业与日常生活的复杂性，许多人——包括关键的决策人物，日益高度依赖技术专家的建议和影响。

5 说服 I

5 说服 I
——基本原理

本章主要话题包括：

- 说服在管理中的必要性
- 说服的四大要素
- “影响关系图”有助于了解说服对象
- 不同类型的听众及其决策风格
- 有说服力论据的特点

几个月前，玛格丽特（Margaret）升任津贴管理部门的经理。上周，她读到一篇有趣的、关于一项新的津贴方案的文章，与她所在公司相类似的其他公司都在实施该方案。玛格丽特坚信该方案的实施不仅可以为公司节省资金，而且还能为雇员提供更多的选择。她准备向老板及公司里的其他关键人物说明该方案的价值所在。虽然她确信，改用新的津贴方案将会更有利于企业发展。但是，她也意识到她会面临许多障碍。由于目前的津贴方案在公司运行的历史悠久。所以，某些管理人员和雇员可能会反对她的主张。虽然她对公司的决策者有一定的影响，但是，与他们相比，玛格丽特的级别较低。她该怎么办？

玛格丽特必须运用说服力以实现她的目标。本章将阐述说服的重要性,介绍说服的基本要素。[1]但在进入正题之前,首先请试答下面的每个问题。[2]它们将有助于你评估目前你的说服能力。

- 你知道如何使他人对你的论点产生兴趣吗?
- 当你试图说服某人时,你能否有效地调整你的说话方式以适应对方的特点?
- 当你试图改变某人的思想或行为时,你是否清楚你应该设定多高的目标?
- 你能否意识到改变他人对某件事情(该事情对你而言十分重要)的看法的最佳时机?
- 你能否运用他人认为有说服力的推理支持你的观点?

对于管理者而言,不管有无职权,说服力都是改变他人行为及影响决策的主要方法。在这个意义上,有效的说服是某种形式的职权,也是影响他人的工具。说服就是通过论证或者请求,使他人接受某种信念或采取某种行为。有智慧的说服者能够抓住听众的心理,左右听众的观点,甚至能够说服对方认同自己的理由。

究竟什么是说服力?“说服”是能够改变或强化个人或团体的态度、观点或行为的一个过程。说服可以发生在一次会面,也可以发生在较长时间的系列研讨会上。在包括人际关系、商务关系等的一切关系中,说服是取得成功的关键技能。此外,说服不仅要证明自己所讲内容的合理性,还要以提供信息和理念的方式触动人类的基本情感。它是以吸引他人的方式来定位某种理念、方法或方案。

说服融合了艺术与科学。其艺术性体现在，说服需要说服者具有与他人建立信任关系的能力；其科学性表现在，说服必须以训练有素的信息收集与分析、对人类行为的切实了解以及良好的沟通技巧为基础。融这样的艺术与科学之利，每个人都能提高自己的说服技能。

说服的重要性

说服力的应用无处不在。雇员为加薪而游说、销售经理向其客户鼓吹新产品线的种种好处、采购经理说服供应商以便按订单要求迅速发货——这些只是说服情景的几个例子。事实上，我们每天都在应用说服技巧，只不过自己通常意识不到而已。

与以往任何时候相比，商业社会的变化多端使得说服成为当今社会更为关键的一种管理技能。原因如下：

- 命令—控制模式的时代，已逐步让位于以跨部门项目小组、合资企业以及公司间的合作关系为特征的新时代。命令—控制模式之所以不能存在于新的时代，是由于该模式的不当性，或适得其反性。

- 许多劳动人口是在对权威的质疑中成长起来的。他们消极地对待他人的命令，但却对以特定方式告知他们办事程序与利益的说服做出最佳的反应。

显然，对于执行官和经理们而言，他们已不能再像以前那样行使职权了。为了让他人完成工作，管理者们必须说服他人，而不是简单地发号施令。

说服的要素

说服需要准备和规划。即使我们大多数人每天都在进行说服，但却很少想到这一点。说服包含四大要素：

1 可信度

2 对听众的理解

3 可靠的论据

4 有效的沟通

本章研究前面的三大要素。沟通的力量将在第 6 章中进行探讨。

建立可信度

可信度是说服的基础。没有可信度，听众就不会接受你的建议。回想一下关于那个频繁呼喊“狼来了”的小孩的经典寓言。每当小男孩自认为有一只危险的狼在其附近徘徊时，他就喊叫着“狼来了”向村里的邻居报警。多次喊叫以后，邻居们发现男孩一直在撒谎。因此，男孩失去了他的可信度。而当一只狼真的出现在男孩面前时，却再也没有人理会他了。

你的可信度表现在下述两个方面：

- **你的观点。**你的观点必须合情合理，你才能得到别人的信任。例如，根据目前市场环境、技术水平及商业需求，你提议的新产品概念必须具有意义。你还必须全面考虑提议的所有细节。
- **你的人品。**在别人看来，你必须具有可信、可靠和真诚的人品。一般而言，这些个人品格是你在与他人长期共事的过程中赢得的。你是否已具备了上述个人品质？

一般地，可信度可用下面这个简单却很有说服力的公式来表示：

可信度 ＝ 信任 ＋ 技术专长

你赢得的信任越多，积累的技术专长越丰富，你本人与你的思想就越具有可信度。

信　任

一旦人们信任你，人们就会倾向于认为你值得信赖、见识广博而且待人真诚。他们知道你会尊重他们的利益，而且不会以任何形式损害他们的利益。他们还会认为你具有坚强的性格特征（稳定的性情）以及正直的人品（诚实可靠）。这些品质增强了你对他人的吸引力，从而使得人们更加愿意接受你的观点。与此相对应，如果人们认为你不值得信任，他们就会轻视或者无视你所说的任何事情。

下面是几种获取他人信任的几种方法：

● **按照你的理解，讲述事情的正反两方面。**如果你想推荐什么，就要坦诚相告推荐产品的正反两个方面。例如，对一项新的尝试，应客观评估其最好、最坏以及最有可能的结果。

● **兑现诺言。**你是否总是兑现你许下的诺言与承诺？如果是，人们就会关注你，并且认为你是值得信赖的。

● **保守秘密。**如果有人秘密地与你分享信息，你就应该保守这些秘密。除非法律或道德上不允许。例如，假设另一位经理对你说："我想听听你对我们小组为新办公区设计的土地规划的意见。在此阶段，设计还很粗糙，我们也知道设计还有许多缺陷。所以，希望你暂时不要告诉别人。好吗？"如果你同意保密，那么，就应该遵守你的决定。如果你证明了自己能够保守秘密，你将获得"值得信赖"的声誉。

● **稳定的价值观。**几乎每个人都能举出这样的例子：双方在重要事情上意见分歧，但却拥有友谊和良好的工作关系。例如，已故的美国总统罗纳德·里根（Ronald Reagan，一位共和党人、坚定的政治保守派）与美国前众议院发言人、议长奥尼尔（"Tip" O'Neil，自由民主党派）。两位在有关政府职能方面的看法相去甚远。但是，由于双方尊重彼此一贯遵守的核心价值观，二人成功地建立了互信的工作关系。双方彼此都能确信对方会以忠于各自核心价值观的方式处理事情。

● **鼓励探索性的观点。**倾听对方关心的事情，以便鼓励双方对话,并表明你乐于接受他人的观点。营造一种可以分享他人观点,并能让他人意识到其观点很有价值的氛围。这与那种人们一旦与老板意见相左,就被责备、忽视的氛围迥然不同。

- **将别人的最高利益放在首位。**如果你能证明你将他人的利益牢记于心头,他人就会更加信任你,更加相信你的观点。假设一位营销主管帮助得力的部下晋升到另一个部门。尽管这位营销主管不想失去这位一流的团队成员,但是她信奉这样一种观点:作为经理,帮助别人发展职业技能是她工作的一部分。在帮助那位部下的过程中,营销主管不仅赢得了那位当事者的信任,而且还赢得了同僚和其他部下的信任。他们告诉自己:她把别人的利益置于自己的利益之上。

人们之间的信任并非一蹴而就,而要经过长时间的、一系列的相互交往与行为观察。所以,如果你的行为方式不断地表现为值得信任,你就会赢得"值得信任"的声誉。

专长

与信任一样,专长能够帮助你增加你的可信度。一旦你做出正确的判断,并展示你的成功历史,人们就会认为你具有专长。按照这些准则培养与增强你的专长:

- **研究你的观点。**通过与知识丰富的个人交谈、阅读相关资料等方式,尽最大可能地收集与你所提观点有关的资料。收集支持与否定你所提观点的两方面的数据和信息,以便对自己所处立场的优势与劣势了如指掌。

● **获取第一手经验。**没有什么比展示出专长更为有力的了。如果你计划倡导一种新的发行方式，你就应该走出办公室，与客户以及在营销部门、物流部门工作的人员进行交谈。这种经历将有助于你理解关于发行的从教科书或二手资料中永远也学不到的细微差别。

● **引证可信的资料。**利用来自权威的商贸杂志、书籍、独立报告、讲座以及单位内外知名专家的知识，支持你的立场。表明你不是某个观点的唯一支持者，上述做法永远都是明智之举。

● **证实。**进行一次小型试验，以表明你的想法具有可行性。假如你正在为本部门倡导一种新的工序，就要针对该工序进行一次有限的实验，以便获取有关该工序好处的第一手信息。如果你的试验暴露出某些缺陷，那就应有针对性地加以改善。

● **掌握行话。**绝大部分领域的工作人员都发展了包括口头禅(buzzwords)在内的他们自己的行话。在金融领域、信息系统、投资管理、原料管理以及无数的其他领域确实如此。如果你想说服与你在相同领域工作的人们，你就需要掌握该领域的语言。所以，你要仔细留意在会议、行业座谈会及其他商业聚会时所采用的语言，并确保自己理解了上述用语的真正含义，并在说服交流的过程中适当地加以运用。

● **亮出你的证书。**在适当时机，让他人知道你的相关阅历，以及你已获得的、相关的高级学位。例如，一位正在推销系列营养品的个人健身教练(personal trainer)，可能会大肆宣传她已取得的营养学学位以及理疗师执业资格证书。但应注意,有些公司认为,宣扬自己的学历并不好。如果你的同事坚信:“一个人的思想比他或她的学历更重要,”那么,宣扬你的学历只会降低你的可信度。

- **与可靠的盟友合作。**寻求那些已富有资历的人们的帮助,以增强你的专业技能。这些盟友或许是经过特殊训练或有特殊经历的其他雇员、外界的咨询师,甚至是客户。他们在某领域的名望有助于提升你自己的名望。

- **收集书面证明。**人们通常会受来自令人尊重的、权威渠道的证书的影响。如果目前其他部门或公司因你的建议或你推荐的产品而取得了成功,就可以收集并宣传他们的评论。如果一个客户按照你推荐的新产品标准进行了实验,并且认为该产品具有良好的市场前景。那么,就请该客户撰写系列评论。但是,不要做过了头。

通过确立自己的可信形象与专业技能,你就拥有了吸引听众关注和认同所需要的可信度。但是,下一步你还需要理解听众,知道他们如何进行决策。

理解听众

无论人们认为你本人和你的观点有多么可信,你都必须了解你的听众。你尤其必须做到以下几点:

- 确认决策者、关键利益相关者(key stakeholders)以及听众的影响力所能到达的网络。哪些人支持你,哪些人反对你,哪些人保持中立?他们的兴趣点在那儿?他们如何看待替代方案?

- 分析听众可能的接受方案。
- 确定你要说服的听众如何做出你所希望的决定。

确定核心的影响人物

在某些说服场景,你要向某一个人陈述你的建议;而在其他情形下,你要向几个人陈述,或许是以个别交流的方式,也可能是在集体会议上。无论哪种情形,你都必须明白,某些人的意见比其他人的意见更重要。大多数情况下,你的真正听众往往包括下列人物:

- 决策者
- 关键利益相关者
- 有影响力的人

决策者是那些能够接受或否决你所提观点的人。很多说服的情形就是涉及到几位决策者。例如,如果你想为本部门招聘一位新雇员,并为此正在游说你的老板提供相应的资金。你要说服的可能不只是她一个人。或许,老板的老板对雇佣新员工拥有最终决定权。最终,你的说服重心是:必须努力解决决策者所关心的问题,尽管方法可能是间接的。

关键利益相关者是那些直接受你建议影响的人。如,汽车生产厂的采购经理是公司车辆内部设计师在作决策时的利益相关者。如果设计师为乘客座椅选定一种新的材料,采购经理将会受到影响:他不得不选定合适的供货商,并与之进行相关的洽谈。

为了确定关键利益相关者,需要考虑所有的、最可能受你的建议影响的人员。多数情况下,上述人员不仅包括你曾向其提出建议的人员,还包括你的同僚、直接下属、客户、上级和董事会成员。

有影响力的人(influencers)是那些间接参与决策过程的人。他们给关键利益相关者和决策者提供建议和信息。如,假设你正在说服营销经理发动一轮新的网上推广活动,她可能就此征询信息技术部门领导的建议。在这个意义上,信息技术部门的领导对决策发挥了影响作用。

我们通常将一些能够影响其周围人群的人物称作"核心影响人物"(centers of influence),或是"意见领袖"(opinion leaders)。对于说服者而言,上述人物非常重要。因为,即使他们不是正式决策者,也可以影响决策者。例如,在美国共和党内部,《旗帜周刊》(*Weekly Standard*)的编辑威廉·克里斯托尔(William Kristol)是一位重要的核心影响人物。具体说,他是一位思想领袖(thought leadership)。因为他经常刊登专栏文章,经常在媒体露面,还能接近共和党领袖。在反对党——民主党内(opposing Democrats),马萨诸塞州参议员爱德华·肯尼迪(Edward Kennedy)扮演了相似的角色。因其在民主党内的元老地位,以及对肯尼迪衣钵的继承,爱德华议员对民主党同僚们的政策与立场影响巨大。

哈佛教授迈克尔·沃特金斯(Michael Watkins)提出了"影响网络"(influence networks)一词。并建议说服者绘出影响网络图,以便更好地理解组织中成员之间复杂的影响关系。[3]图 5—1 是关于四人团队的影响关系图(influence map)。团队成员单个人之间的相互影响程度在图中以连接他们的箭头类型表示。因此,卡门(Carmen)对保罗(Paul)和索尼娅(Sonya)的影响较大,但根据箭头判断,保罗和索尼娅对卡门的影响较小。

图 5—1　影响关系图

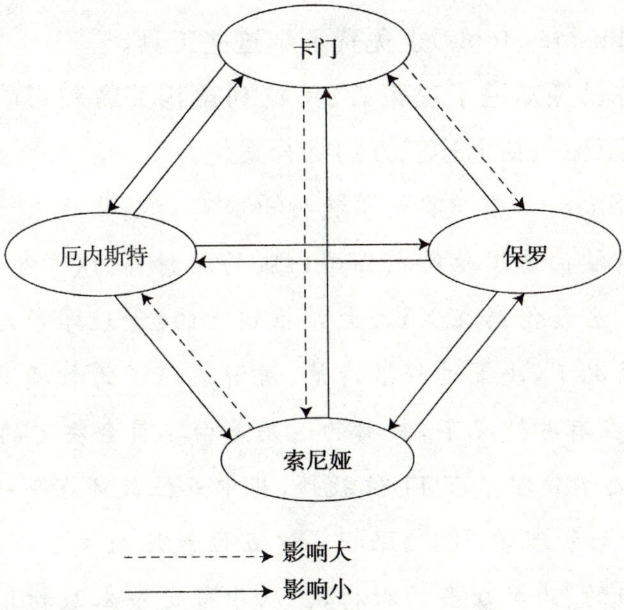

影响关系图可以帮助你了解团队背景下说服的立足点。还是上例,如果你想就某事说服厄内斯特,你可以通过索尼娅施加间接

影响。你也可以利用卡门。因为她对索尼娅有影响力。

考虑包括上级、同僚还有部下在内的你的工作环境。画出类似于图 5—1 的影响关系图。然后，思考一下你目前的说服目标——争取新设备、新的全职岗位，或者你头脑中的任何目标。你的“说服运动”是否瞄准了合适的对象？你是否全力以赴地说服最终决策者，而忽视了可能有助于你影响最终决策者的人？

注意：附录 B 列出了有助于你增强说服力的工具。你可在哈佛商务指南（Harvard Business Essentials）网站（www. elearning. hbsp. org/businesstools）上免费下载这些工具。

既然你已经知道了决策者、关键利益相关者和影响者各自的作用，参看下面包括上述三方的综合案例：

莎伦（Sharon）是一家大学教材出版商的销售代表。她的工作就是说服教授们选用她所在公司出版的教材作为（学生们的）课堂阅读材料。当莎伦想在 XYZ 大学推销她的《管理学原理》时发现：在大多数情况下，决策过程很清楚：讲解某门课的教授选用相关教材。然而，在有些情况下，教材的选用是由委员会决定的。

XYZ 大学管理系有 11 位教师，其中五位教师在下一个秋季学期安排讲授《管理学 101》课程。这五位教师组成了一个委员会，审核新出版的、为数众多的教材，并从中选定一本教材用于这门课的所有单元。委员会的某位成员说，“我们要选择一本能够完成教学任务、并且适用于我们每个人的教材。”

起初，莎伦认为她的工作非常明确：与委员会的每个成员进行沟通，并说服他们选用她的教材。但是，随着莎伦对实际情况了解

的增多,她意识到还有其他因素在发挥作用:

- 有一个评选过程。五位教授每人都先就一个或两个关键的教学内容评估每1本待选的教材,然后再向另外四位教授汇报。
- 那位最年轻的委员会成员通常服从于团队中资格最老的别霍(Viejo)教授。别霍教授对本科生教育的经验最为丰富。
- 另一个成员特林布尔(Trimble)教授与被评选教材之一的作者——莎伦教材的直接竞争者,曾合作撰写并发表过两篇文章。这种关系会不会影响特林布尔教授对教材的评选呢?
- 系主任哈德沃斯(Hardworth)教授虽然不是委员会成员,但他显然是关键利益相关者,而且正寄希望于委员会成员们选出一本能为学生们打下坚实的组织行为学基础的教材。因为在下个学期,许多学生要选修他的《组织行为学》这门课。他对莎伦说,"我希望他们学完《管理学101》以后能准备好上我的课。"

莎伦面临一个复杂的局面,来自不同方面的影响都在发挥作用。每个参与者,包括非正式参与者哈德沃斯各有自己的想法,而且都会试图说服其他人接受自己的观点。特林布尔可能会因其学术联系而倾向于某本特定教材。别霍可能会影响委员会中最年轻成员的意见。摆在莎伦面前的是一项具有挑战性的任务。

莎伦面对的局面很可能与你在工作中遇到的情景相似——有一个特定的决策程序、各种不同的利益相关者,还有方向各异、纵横交错的影响力。你如何处理与应对上述局面?

分析听众的接受程度

确定了所有的、真正成为你的听众的个体后，下一步就该分析他们了。听众有不同的类型，原因在于他们对你所提建议和观点了解的程度不同，对你要讲内容的兴趣不同，以及对你所提观点的支持程度也不同。而上述差异都会影响他们对影响力的接受程度。可参考下列做法来分析听众的接受程度：

- **监控反应。**从目标听众（intended listeners）的电子邮件和其他正式或非正式的往来函电中寻找其接受或抵制（你）的迹象。会议期间，观察目标听众如何表达他们关心的事情，或观察他们如何表达对某个话题的看法，而该话题恰好与你所提的观点相关联。
- **注意肢体语言。**当听众在门厅里谈话，或以其他形式进行简短的随意交谈时，请注意他们的语气和肢体语言。目标听众看上去对你的观点感兴趣吗？其兴趣点是否在其他事情上？还是对你的观点持怀疑态度？
- **与知识丰富的人交谈。**识别那些既理解听众的心态，又对公司未来的重要发展有所期待的人员。向上述人员咨询：听众对你所提观点可能的接受程度如何？询问他们、关键决策者和利益相关者最关心什么？以及他们认为你的建议能带来什么好处？

估计接受类型

听众的接受类型通常属于下列五种类型之一：敌对型、中立型、不感兴趣型、不了解型和支持型。

敌对型听众不同意你的看法，还可能顽固地反对你。可以按照下列建议来应对他们：

- 通过幽默或故事拉近你与他们之间的距离。
- 关注双方的共同点。
- 展示你的技术专长，并援引相关的专家证明。
- 用确凿的证据支持你的论点。
- 强调你在寻求双赢。
- 搞清楚他们注重的利益。

你并不总是能够征服一开始就持敌对态度的听众。但是，或许你可以使他们转向中立——对你而言是次优的立场。一旦敌对者的态度转向中立，他们就不会再与你作对。

中立型听众了解你的立场。他们既不支持你，也不强烈地反对你。你的目标是使中立者支持你。在许多情况下，实现上述目标只需要一些说服力或魅力。

- 强调你的提议对中立者有哪些好处。
- 简明扼要。仅列出三个明确的、有说服力的要点，并有专业证据、数据和具体事例做支撑。
- 通过故事、个人经历和逸闻趣事打动他们的情感。

- 指出不接受你的建议的不利之处。
- 讨论其他人可能提出的替代方案。

缺乏兴趣的听众了解你的话题,但对此却漠不关心。与中立型听众相似,不感兴趣型听众不会强烈地反对你的立场。但是,如果你要争取大多数听众,他们的缺乏兴趣有可能是你成功说服的障碍。同样,你必须扭转他们的立场,使之积极支持你的观点。许多情况下,对于缺乏兴趣者最有效的方法是打动其自身的利益。如果你能证明你的观点有助于改善他们的处境,他们或许会从漠不关心的阵营转向支持你。

不了解型听众缺少转化为坚定而积极的支持型听众所需要的信息。在这种情况下,可采取下述办法:

- 通过陈述你的经历或资历,奠定你的可信性。
- 使你的陈述简明扼要,不要用复杂的评估迷惑他们。
- 通过分享个人逸事,与不了解型听众建立情感联系。

支持型听众已经与你的意见相一致。你的目标是留住他们,并使其成为你施加影响的中坚力量:

- 用生动的证据激发他们的热情,并提醒他们这涉及到他们的切身利益。
- 帮助他们预测并驳斥可能来自反对者的论点。
- 提出有明确时限的具体行动方案。

确定决策风格

为了进一步增加对就你的提议有权接受或拒绝的决策者进行

说服的机会，应调整你的论证以适应他们的决策风格。不同的人具有不同的决策风格。本章将列出4种决策风格、特点以及相应的说服策略。

以下是决策风格的不同类型，以及所应采用的说服策略：

- **思想者。**思想者是理智的、讲究逻辑的和规避风险的一类人。在做出决策之前，他们需要大量的详细资料。应对策略：尽可能提供详细资料以减少风险，并使用以事实为基础的方法进行说服。

- **怀疑论者。**怀疑论者将挑战你的每一个观点，但最后会作出以情感为基础的决策。应对策略：尽一切可能确立你的可信性。欢迎怀疑论者提出质疑，并加入到游戏中来。

- **追随者。**这类人深受主流势力的暗示。其思路与大多数人保持一致。策略：强调观点的出处和证据。追随者对其他人如何看待你的论点很感兴趣。了解追随者的追随对象或服从对象，如果你能得到那些领袖人物的支持，追随者就会加入到支持你的行列。

- **控制者。**控制者在进行决策时十分注重分析，且不为感情所左右，并固执地坚持己见，很少考虑他人的建议。应对策略：确信你的论点正确、结构合理。强调对控制者有价值的结果。

如何才能知道决策者具有何种类型的决策风格？许多情况下，你可以通过会议和其他工作交往观察其决策风格。在职业生涯中，最好的选择之一就是去了解你身在其中的工作环境中所有人的决策风格。一旦你了解了这些，你说服他们的能力就会提高。

不要忽略政治

我们都倾向于认为，一个有说服力的论点会让他人认同我们的看法。但事实上，仅仅有好的论点是不够的。这是因为，政治因素在很多组织决策中发挥作用。每个公司、分部和运营单位——就像每个州和每个城市——都有各自的对内行动一致、对外共同反对其他集团的政治派别。

例如，阿尔(Al)支持某项计划。那么，他的政治盟友——桑德拉(Sandra)和贾尼斯(Janis)自然就会站在他那边。同时，反对派的成员很可能因反感阿尔而自动地反对这项计划。在这样一个高度充斥着政治色彩的环境里，符合逻辑的论点也只能是说说而已。你的最佳行动方案是试着了解政治因素发挥作用的领域，其动机何在，了解人们如何结成联盟。

现在你已经分清了关键利益相关者、决策者和有影响作用者；分析了你的听众；而且掌握了决策者的决策偏好。那么，你就可以准备下一步的行动了：设计一个最起码能打动听众理性的案例——如果还不能打动其感情的话。

构筑论据

这是每位说服者都梦寐以求的事情。威廉刚刚结束与三位实际决策者的会晤。第一位决策者起初对威廉的提案毫无兴趣。第二位怀有敌意地来参加会议。第三位决策者相对开明。但是,当会议接近尾声,三位决策者不得不做出决定的时候,他们彼此面面相觑、耸耸肩膀,然后一起说,“对你的提案我们不想再争论了,威廉。该提议看上去十分合理。就照此执行吧。”

上述类型的理想结局很难在(现实生活中)找到。因为在一个复杂多变、充满各种选择与利益的世界,满足各方要求的“相当合理”的安排很难做到。即使一项提案的逻辑无懈可击,某些决策者还是能找到种种否决它的理由。“这可能会使我们的人员变动太大。”或者,“我们有其他的选择。”或者,没有人愿意承认的一种反对理由:“尽管我是一个彻头彻尾的寄生虫(drone),但是,目前我获益甚多,而你的提案将破坏我的现状。”除了马克·吐温(Mark Twain)曾经提到的“可恶的人类”之外,其他的反对理由似乎再也没有任何合理的解释了。

不过,尽管有人自然会抵制,构建一个有说服力的论据仍然是有效说服的基础。大多数情况下,一个有说服力的论据应具有下述特点:

- 富有逻辑,而且与事实和经验一致。
- 强调其符合要说服的目标人群的利益。
- 它能消除或中和竞争性的替代选择。
- 它能识别和应对环境中的政治因素。
- 它附有客观性和权威性的第三方认证。

当你因某事设计论据时,应思考一下,该论据是否具有说服力？如果答案是否定的，那么，就依照前面提到的各点去设计论据吧。

小　结

- 说服是改变或强化个人或团体的态度、观点或行为的过程。在诸如个人关系、商业关系的一切关系中，说服是成功的关键因素。
- 对于管理者而言，随着"命令—控制"模式让位于员工参与、团队合作以及合资企业，说服工作变得更加必要。
- 说服包含四大要素：可信度、对听众的理解、鲜明的论点以及有效的沟通。
- 可信度是信任与专长之和。要提高你的可信度，就要增强人们对你的信任感，或提高你的技术专长。或者，双管齐下。
- 如果你的判断正确，而且拥有成功的历史，人们就会认为你具有技术专长。
- 在分析你希望说服的听众的时候，要分清楚谁是决策者，谁是核心影响者，确定他们对你所提的观点的可能的接受程度，并了解他们如何进行决策。
- 掌握具有说服力论据的特点，并在你要说服他人时加以运用。

权力、影响与说服

6 说服 II

6 说服 II
——令听众口服心服

本章主要话题包括：

- 诉诸听众逻辑性的四种方法
- 决策中的情感角色
- 语言、生动描述、暗喻、类推和故事有助于你与观众在观点上引起共鸣
- 说服触发器(persuasion trigger)的应用

你已经准备好了符合逻辑的、有说服力的论据，应该可以说服任何理性(fair-minded)的人士了。但是，逻辑性和理性并不意味着一切。感情、直觉和先入为主(predispositions)在人们的决策过程中也扮演着重要角色。因此，为了说服别人，你需要诉诸(address)听众的头脑(理智)和心灵(感情)。本章将探讨实现上述双重目标的策略。[1]

从说服头脑开始

你可以用以下几种方法诉诸听众的推理能力：

- 陈述的结构安排

- 支持你所提建议的证据
- 你所强调的利益
- 你选用的词句

用正确的结构开头

为了说服听众接受你的观点，你如何安排陈述内容的先后顺序？有时，你对听众接受能力的评估将影响你的陈述结构。在另外的一些场合，主题内容会暗示出合理的结构。或许你决定选用某种结构对某一类听众（如，接受能力强的听众）陈述你的论点。而对另外一类听众（如，怀疑型听众），则采用另外一种陈述结构。参看下面几种结构示例：

- **问题—方法。**首先对某一紧迫问题进行描述，然后提出有说服力的解决方法。对与该问题无利害关系、或者对该问题不太了解的观众，可以采用这种结构。
- **介绍双边观点和驳斥。**为了征服中立型和敌对型听众，应讨论正反两方面的观点。首先，介绍对立面的观点。然后，表示你接受对立面观点的合理部分，以增加对立者对你的接纳程度。再者，通过质疑对立者的论据，逐条辨析其论点，并加以反驳。
- **原因与结果。**讨论问题背后的原因。然后，说明你的观点是如何能够消除上述原因并解决相关问题的。或者，强调问题所产生的令人讨厌的后果，解释你的建议将如何协调上述因果关系。采用这种陈述结构，可以应对混合型听众——即包括不同类型的听众:易接受型、敌对型、中立型和支持型的听众等。

- **动机次序(Motivational sequence)**。借助于令人吃惊的统计数据、逸事或幽默故事去吸引听众。然后,识别观众最迫切的需要。解释你的建议将如何满足上述需要,并帮助听众想象一下如果他们采纳了你的建议则必将到来的光明前景。最后,告诉听众你希望他们要采取的行动。对支持型观众可以采用这种结构。

如何开始与结束你的陈述特别关键。用生动的开场白吸引听众的注意力,用号召听众采取你希望他们采取的行动做概括总结。

提供有说服力的证据

你提供的、支持你所提论点的证据——证明材料、实例、统计数据和图表等,能够进一步增强你的说服力。

如果证明材料来自于听众认可的、可信的专业机构,那么,该证明材料就能增强说服力。例如,如果你倡导采用一种新技术,可以提供与你所在公司相似的、采用了上述技术并已经取得了辉煌业绩的公司作为引证。"采用 Customer Linx 软件可有助于我们减少 50%的服务响应时间,我们的顾客现在更高兴,股东们也是如此。"——弗兰克·奎斯林(Frank Quisling),旋转设备公司(Rotary Products, Inc.)客户服务部的副总经理如是说。

通过把一般概括和抽象描述转化为具体的事例,更能进一步抓住听众的注意力。为了说明问题,可以引用有关采用上述新技术具有可行性的例子:"我们的每位客户都已报告,在一个月内安装 Customer Linx 软件和培训 Customer Linx 软件人员，对消费者的响应时间至少减少了 35%。”

如果你能把握好统计数据的易理解性和易记忆性，那么，统计数据对增强说服力也特别有效。怎么做？一种方式是标出冷冰冰的、毫无生机的数字：“这个房间 40% 的人员都夸大了自己的支出。”另一种方式是引用令人瞪大眼球的比较方法：“我们的主要竞争者目前每个雇员的销售金额已是我们的两倍。如果我们每位雇员的销售金额增加一倍，你能否想象，按分红制我们将得到多少奖金吗？”

幻灯片、一览表、录像带和产品样本等，更能成功地帮助你传递信息和吸引听众。这就是为什么可视化的(visual)信息具有吸引力。事实上，人们所掌握信息的四分之三是通过可视化的方式获得的。但是，绝对不要滥用！选择一种与所传递信息相适应的媒介。如果你采用 PPT 演讲，每张幻灯片最好就介绍一个概念。要保持幻灯片的简单和整洁。如果要制作图表，首先要确定事物发展的主要趋势，或者你想强调的发展模式(pattern)。但应注意，不要歪曲了事实，或错误地传递信息。

只要你谨慎地选择表现手段，并有说服力地陈述观点，任何表现形式的证据都有理由征服听众。

突出听众关注的利益

你所提观点的特征——诸如你倡导的一个新的软件项目是怎

样运作的，或许会激发某些听众的兴趣。但是，该项目的好处——你的观点将怎样使听众的工作或生活变得更轻松或更有效率，将会引起听众极大的关注。不回答听众提出的“这件事对我来说意味着什么?”的问题，就没有希望赢得听众的认可。为了更直接地理解上述观点，参看表6—1。该表列出了一款计算机的特征和益处。你发现哪一栏最有吸引力?

每一种利益对听众的吸引力源于两个主要层面的动机之一：渴望得到，害怕失去。

- 一种能使听众获得他们目前还没有的某种东西的好处。如，金钱、时间、知名度、财产或良好的声誉。
- 一种能使听众避免失去他们非常珍视的、已有东西的好处。在信用卡和自动柜员机出现之前，美国运通公司(American Express)刊印的电视广告显示，一位不幸的父亲因丢失了钱包，破坏了一家人的假期生活。这个信息非常清楚：不要让上述现象发生在你身上，检查好旅行的物品。

表6—1　特征与利益

特征	利益
● 最新的微处理器	能加快工作速度，采用最新的应用程序
● 40G的硬盘驱动	可以储存更多的数据，以更快的速度更新数据
● 平板显示器	能轻松地看到更多东西，而比传统的显示器占用更少的桌面空间

资料来源：*Harvard ManageMentor® on Persuasion*，经许可改编。

研究显示，人们害怕失去的动机强于希望得到的欲望。例如，保护好已有金钱的动机要强于赚钱的动机。所以，思考听众最看重哪种利益,然后通过提出以下几个问题,为你的提议建立具有独特价值的主张。

- 我提出的建议有哪些好处?听众从中能够获得什么?他们将避免失去什么?
- 什么证据能显示上述好处的真实性?有没有具有说服力的、可信的证明、实例、统计数据和图表展示等支持性证据?
- 我的建议的独特性在哪里?我的观点具有哪些不同寻常之处?为什么听众接受我的观点而不是其他人的?

通过强调你所提主张的独特优势,你将可以说服听众,使他们认识到你的观点值得认真思考。

注意:你对目标听众的理解程度如何?你知道他们当中谁是决策者?你知道他们头脑中的价值结构是什么?如果在这方面需要帮助,可参看附录 B。附录 B 为你提供了有助于你理解听众的工具。可免费从哈佛商务指南网站上下载上述工具的拷贝。网址为:www. elarning. hbsp. org/businesstools。

选择合适的词句

当你把说服作为目标时,千万不要低估选择恰当词句的功效。你所选择的词句能够决定听众是接受还是拒绝你的建议。你的讲话内容应该具有肯定性、中肯性及可反响性,并应促进你与听众之间的合作与信任。表 6—2 提供了合适词句与不合适词句的选择实例。

在说服交流的过程中，当且仅当对听众而言比较合适的时候，你才应该使用诸如“容易”、“免费”、“有保证的”、“经检验的”和“结果”等点缀性字眼，以引起听众的注意。可以使用诸如“重要的”、“绝对必要的”、“关键的”和“必需的”等字词来强调要点，但对这些词语的使用也不宜过度。上述字词绝大多数从销售活动中借用而来。尽管这些字词已被用滥，但仍具有显著的效果。

构建独特价值主张的诀窍

1. **充分挖掘建议的潜在利益。**思考建议可能产生的所有好处。通过接受你的建议，听众能够获得什么？避免失去什么？

2. **根据听众的兴趣对利益排序。**在你认定的利益中，你认为听众最重视什么？根据你对听众目前存在的问题、关注点和价值观的理解，对听众的利益进行排序。

3. **收集证据证明最大利益的真实性。**从可信的渠道收集具有说服力的证明资料，从而告诉听众如果他们采纳了你的建议，就可以在其能力可及的范围内获得最大利益。除此之外，还可以借助于收集实例、统计数据和图表演示等来说明你的建议所带来的好处。

4. **鼓吹你所提建议的独特性。**与其他潜在的、可供选择的建议相比较，你的建议具有什么差异性、独特性和优势？听众为什么应该接受你的建议而不是其他人的？准备好用简洁而又有说服力的语言，对“与别人的建议相比，你的建议好在哪儿”作出解释。

表 6—2　词语的选择至关重要

所选词语的类型	该说什么（举例）	不该说什么（举例）
肯定的语言准确传递你期望得到什么。	“你完成了这份报告，我们就去户外吃比萨以示庆贺。”	“如果你完成了这份报告，我们去户外吃比萨以示庆贺。”

肯定的语气表现了你对自己的观点充满了自信。	"我们的工程需要一笔额外的资金。"	"我*估计*我们的工程需要一笔额外的资金。"
对你的境况负责。	"我会让负责这件事的人给你打电话。"	"我不能帮助你。"
双赢的语言促进合作。	"这是一种新的思路,*让我们*好好讨论一下看看能得到什么"	"也许你应该给出一些数据,因为我觉得这办法不灵。"
措辞能使人们相信你不做作。	"对你来说,这笔生意比前一个好太多了。"	"*百分之百实打实地说*,这笔生意对你来说好极了。"

资料来源:*Harvard ManageMentor® on Persuasion*,经许可改编。

通过有效安排陈述结构,提供最好的证据,强调建议的好处,以及挑选合适的字眼,你就能够增加令听众"口服"的机会。现在,让我们看看如何使听众"心服"。

不要忽略听众的情感

如果你没有同时与听众在情感层面上联系起来,那么即使最富有逻辑的观点也不会说服他们。事实上,与支持你所提观点的相关事实、数据、理性评估等因素相比,情感在听众的决策中扮演越来越重要的角色。为什么?理由如下:

- 激发情感的陈述(如,扣人心弦的故事)比统计数据和事实更让人感到有趣和更容易记忆。
- 与逻辑打动相比,感情更能够迅速地促进人们行为的变化。
- 与依靠逻辑对陈述的正反两方面进行权衡相比,情绪性的反应更容易被唤起。

● 引发情感的观点能分散听众对陈述者说服意图的注意力。

在最成功的说服情景中，听众首先根据其情感反应，无意识地接受了陈述者的建议。然后，再依据对事实的逻辑估计，解释他们所做决定的合理性。如下例所示：

里卡多(Ricardo)想买一部新车。但并不是任何一款都可以。他想要一部宝马(BMW)车。他站在一家车行的旧车专区，认出了一辆 2001 X5 车。里卡多自言自语地说道："多漂亮的一部车！"他喜欢这部车的暗红色表面、雅致的轮廓和黑色皮质的座椅。当销售人员递给他钥匙并说道："试开一下，然后，告诉我你的感觉"时，他更加高兴。

对里卡多来说，这部宝马车，看着大气，感觉很新，开起来仍像一部调试良好的机器。"哦，天哪！"他咕哝着，并迅速地把车发动起来驶向高速公路，以检验车的性能。"你真正能感受到动力和灵活性。"

半个小时后，里卡多来到销售人员的办公室，询问有关这部车的技术问题。如果有的话，哪些部件的质量保证期还没过？商家手中是否有原来车主的维修记录？怎样用他那部 1996 年的丰田折价交换这部宝马？销售人员回答了他提出的所有问题，并且还提供了有关这部宝马车的更多技术信息。

里卡多领会了全部内容，甚至还做了些记录。但是，他并没有刻意这样去做。当他挂上档把车发动起来的时候，他就已下决心要把它开上高速公路。后来,里卡多向父亲解释他的购买决策时,谈到了这部车的技术优良性和他做了一笔多么好的买卖。他相信他的头脑!

是的,情感的确很关键。你选择的语言和提出观点的方式能对听众产生极大的影响。所以,当你阐述论点时,要用生动的描述、隐喻、类比和故事,以引起听众与你产生情感上的共鸣。

注意:有人对情感问题提出了警告。某些听众关注事实,并对任何偏重于煽情而忽略事实的陈述产生消极性反应。思考一下,如果公司的CEO和CFO为一群华尔街的证券分析家们做陈述,并且略过销售细节和赢利预测,CEO和CFO们将处于何等尴尬的境地!如果他们只是对公司的产品如何可以使人们的生活更美好进行乐观的描述,绝大多数分析家们就会从座位上站起来,然后离开房间。

生动的描述

勾画出人们内心憧憬的生动语言,能够深深地打动听众的情感。例如,设想一下,如果你想让你的老板允许某些雇员每周有几天可以在家办公,你可以预料到,老板会担忧上述安排可能会降低工作效率,并出现对员工失控的局面:"我如何知道他们是在工作还是在看《宋飞传》(*Seinfeld*)重播?"为了说服老板不是他想象的那样,你应该生动地向老板描述员工们在家里如何勤奋地工作,并远离了在正常工作日内弥漫于工作场所的精神涣散的状态。你可以把两种情形相对比:雇员经常被频繁的会议所打扰,并被同僚们叫停聊天。"你召开的会议有多少次只是浪费时间而已?"你问老板。"绝大多数,"他回答。

由于你在老板的脑海里生动地描绘了上述各种情形,他开始体验两种情绪:既渴望拥有更多精力集中、工作勤奋的雇员,又不喜欢乱糟糟的环境。为了完成说服的任务,你认可老板对失去控制的担忧。"我们最终是用工作量来说话的,不是吗?"你问道。"如果我们为每位在家办公的员工制订可计量交付的、明确的工作目标,我们就可以知道每一周、每一月谁在工作,谁没有进行工作。"有了上述保证,老板同意了让某些雇员在家办公的试验项目。

隐 喻

隐喻是一种富有想象力地把某种事物描述为另外一种事物的方法。例如,"时间就是金钱。"结构隐喻(organizing metaphors)贯穿于规定人们日常行为的世界观之中。例如,"商场如战场。"人们通过所使用的语言揭示他们的结构隐喻。如,一位把商场看做战场的管理者会发表如下的宏论:"我们不能失去阵地,""我们正在被竞争对手从侧翼包围,""我们不得不保卫自己的市场。"

在许多情况下,说服需要改变一个人的结构隐喻。你可以用更有利于你的说服目标的比喻去代替原来的隐喻。例如,你或许可以试用"商场是合作关系"去代替"商场如战场"。前种比喻旨在鼓励经营者努力构建与其关键利益相关者之间双赢的合作关系,而不是努力地置竞争对手于死地。你也可以通过强调听众基于某种隐喻的世界观的局限性同样取得上述效果。例如,“如果我们将精力集中于竞争者而不是客户服务方面,就会降低客户对我们的满意度。”改变结构隐喻的另外一种方法是:列举因采用了你的替代隐喻而取得成功的其他的公司的例子。可以这么说:“自从公司指示财务经理与销售团队合作以来,XYZ 公司的销售额增加了18%。”

改换某人的结构隐喻绝非易事;因为人们习惯于墨守自己的世界观。但是,通过提供强有力的证据,说明原来隐喻的局限性和新隐喻的准确性,你就能够说服他人去思考不同的观点。

类　比

类比——一种包含“像”、“如”等字眼的比较方法,有助于你把一个相关的新观点与听众早已熟悉的观点联系起来。类比法可以帮助人们在理解的基础上接受新观点。类比法也能够产生一种令人熟悉的、放心的感觉。参看下面的例子:

20 世纪 80 年代就在哥兹莫公司(Gizmo Products)工作的人肯定还记得那场剧烈的变化。我们不得不放弃传统的液压传动技术——夕阳技术,支持电子传动技术系统的发展。我们不得不放弃多年积累的技能,去学习新的、陌生的技术。某些人不能成功转型。幸运的是,公司进行了成功转型,并成为电子传动技术的领头羊。今天,我们同样面临另外一种转型。如同前面叙述的转型,这次转型也是举步维艰,但每一点都是关系到我们未来生存与发展的关键。

不恰当的类比和幽默的类比也有助于加深人们的记忆。例如,本杰明·富兰克林(Benjamin Franklin)曾说道:"鱼放三天会发臭,客人久留令人愁。"他生动地传递了这样一个信息:为什么人们对因耽搁得太久而不再受欢迎的客人感到厌倦。

故　事

故事同样有助于活跃陈述气氛,并帮助听众理解和接受陈述内容。下面的方法可供参考:

- 借助于听众能联想起来的、引人入胜的情节和人物去吸引他们的注意力。
- 把复杂的观点简明化和具体化。
- 在听众中引起强烈的情感共鸣。
- 让听众在忘记事实和复杂的细节以后,仍能长久地记住故事。

想促使团队产生更多、更好的设计理念的一位产品设计经理,创造了讲故事的成功范例。他的公司位于某一地区,该地区的许多人对当地社区具有强烈的认同感,但当地社区的经济受到国家政策重大变化的威胁。经理通过讲述在他的家乡因很多打折商店的恶性竞争破坏了当地商业发展的故事,激起了团队成员的强烈情感。他描述了许多私人商店被迫关门,童年的伙伴为了找份工作不得不背井离乡，许多办公大楼空荡无人，曾一度繁荣的街区挂满了“大减价”的标语。

没有一个听众曾去过那个城镇，但房间内所有的人都能想象出城镇的悲惨景象，同情城镇居民的困苦，并设想如果商业凋零，他们所在的城镇能否承受如上述城镇所经历的厄运。

经理讲完故事以后激发他的团队开展一场“反击”，想出种种“本地自主研发的”产品理念。团队成员被经理的激情演讲所鼓舞，结合当地优势和人才特长提出了许多具有实用性和创新性的设计理念。

显然，故事的语言与形象有助于你与听众产生情感和心灵上的共鸣。

但是，无论你能多么巧妙地应用上述策略去激发听众的理性和情感，你的提议总会遇到某些阻力。如何应对抵抗是下面要讨论的主题。

克服抵抗

即使精心设计的提议，仍难免会遭到抵抗。抵抗的来源有几种：一是有人或许故意与你唱反调；二是有人可能对你所提观点的技术领域持反对意见；而有人可能则由于哲学上的原因抵制你的观点。例如，正当你极力倡导对某些业务可以进行外包时，第三类人则坚信公司应尽可能少地进行业务外包。

如何使抵抗者认同你的观点？关键在于你要理解抵抗者所处的立场。然后，针对抵抗者所重视的方面，展示你所提建议的好处。下列原则能为你提供帮助。

认清抵抗者的利益

我们每个人都有独特的经历。这些经历形成了我们的世界观，并影响我们如何对其他人的观点做出反应。如果你提出建议后就遇到了抵抗，应拒绝坚持自己主张的冲动。相反，要思考一下，抵抗者持反对意见的可能原因是什么？然后做出相应的反应。

例如，你正在筹措资金研究进入某个新市场的优势。研究与开发部门的负责人却反对你的计划。她的担忧是，进入一个新市场会将公司的资源从她所从事的项目中分流出去。在她看来，这是一个零和博弈——你所得到的就是她将失去的。在这种情况下，你应该通过表明你和她不是在进行零和博弈以消除她的顾虑，你应该强调进入一个有希望的新市场将能为公司创造更多的收益。反过来，也为研究开发部门开展新项目的研发提供更多的资金。

理解抵抗者的情感

绝大多数的抵抗源于两种情绪：不信任和恐惧。

- **不信任**。你的听众不喜欢你或你的主张。例如，上文描述的那位研发部门的管理者或许认为营销人员极其浅薄且没有经验。在这种情况下,营销人员应该摆出研发部门管理者喜欢的这幅模样:严肃、关注细节、依靠数据和证据。实质上,你必须回答这样一个问题:"就这类人而言,与之建立信任关系的个人特征是什么?"

- **恐惧。**听众不喜欢你提出的建议,或许是因为,对他们而言,该建议具有潜在的不良后果。例如,听众或许会担忧,你提出的改组建议将以牺牲他们的工作机会为代价。所以,直接反对你的建议会减轻他们的恐惧感。

毫无疑问,建议改组将影响许多职位。但是,改组的结果是,你们没有一个人会失去工作岗位。某些工作岗位消失了,但是,新的工作岗位又被创造出来了。这次重组将为每一个人提供足够多的工作机会。对那些需要担负新的工作岗位责任的人员,公司将提供技能培训。

当你理解了抵抗者的情感原因后,你就能更好地消除听众的恐惧和不信任。

建立信任关系

改善人际关系的方法之一是建立信任关系。通过认真倾听抵抗者所关心的事情,就能够与之建立信任关系。倾听,表明你理解并尊重对方的个人权力、关心他们所关心的事情。一旦听众意识到有人听取了他们的意见、他们的观点很有价值,他们将愿意思考你的观点。你也可以利用下述技巧向听众表明,你已经知道了他们的担忧。

- **释义领会。**反映抵抗者的要点。例如,"所以,你提到,你认为我在推行政党路线。"领会能促进听众做出带有下列评论性的反应:如,"嗯,是的——我是这样的。"通过促使听众同意你的评论——哪怕仅有一点点同意,你就已找到了双方的共同点,并使得抵抗者变得易于接受你的观点。
- **澄清问题。**确定抵抗者的主要问题。例如,"那么,我听到你刚才讲了两个主要问题。你提到的第一个问题或许是最重要的,对吗?"再重复一遍,你已建立了一定层面的相互理解和认可。同时也表明,你有能力筛选出最关键的问题。

语言信息与非语言信息的一致性

肢体语言、语气及语调可以传递信息。应确保上述信息暗示与你陈述的内容相一致。否则,你的抵抗者可能认为你不可信或者你提出的主张自相矛盾,这就会更激化他们的抵抗情绪和增加他们的非信任度。例如,对你的主张应流露出自信的神情,检查一下你的站姿是否挺拔笔直,手势是否刚劲有力,双目是否凝视前方,声音是否洪亮得足以让人听到。当然,声音也不能高得好像在恐吓或烦扰听众。许多成功的说服者对非语言行为的训练频度与训练演讲内容一样高。

有效的说服者还能意识到,在多数说服的情景中,他们何时开始变得过分激动或恼怒。上述两种行为都是不合适和低效的。在多数情况下,说服者过度的情绪激动或恼怒会引发说服对象产生同样的情绪,并驳回说服者提出的论点。如果上述情况正好发生在你身上,应公开承认上述行为并道歉来恢复双方关系。有勇气公开承认错误有助于建立信任(trust)和信用关系。

首先介绍抵抗者的观点

如果推测你会遇到抵抗,你就要准备双方的观点——对立者的观点和你的观点。在陈述期间,首先介绍抵抗者的观点。这样做将通过减少他们与你对抗的机会而消除他们的敌意。减少了敌对的机会,他们就更愿意参与讨论,并将着手解决眼前的问题。

然后,介绍你的论点。应清楚地表明,与反对者的论点相比,你提出的措施更为有效。如果有可能的话,要表明你的方法已考虑了他们的观点、利益、价值观和担忧。

说服触发器

人们对说服有两种反应方式:有意识地和无意识地。如果某人处于有意识状态,他或许会对别人提出的建议进行仔细推敲,权衡利弊,并认真研究建议的逻辑性和建议内容。在理想世界,每个人都会以这种方式进行决策。但是,在现实生活中,许多人没有足够的时间、信息或热情这样做。相反,他们的决策往往是在无意识状态下进行的。这意味着他们可以花费较少的时间处理信息。他们更多地依靠直觉而不是理性进行决策,并借助于说服触发器(triggers),或思维上的捷径决定如何对建议做出反应。[2]看下面的例子:

乔(Joe)是一位经理。必须在苏(Sue)(一供应商代表)与鲍勃(Bob)所提供的交易之间做出选择。通过对两桩交易进行利弊权衡的会议讨论之后,尽管乔与苏进行交易不如与鲍勃进行交易合算,但乔仍然选择了苏。原因何在?乔所以选择了苏,是因为苏曾经帮助过乔。

研究者已认定了六种说服的触发器:比较,喜欢、互惠、社会认可、承诺与连贯性和权威性。

比　较

如同美丽一样,判断总是相对的。所以,当人们进行决策时,通常寻找一个可用于比较的基点,以衡量所作选择的优点。看下面的例子:

你面试的第一位营销经理职位的候选人要求最初的薪酬为90,000美元,你感觉她要价太高。但是,仅有的另外一位适合该岗位的候选人薪酬要价为110,000美元。当你把两位候选人放在一起进行比较时,你就感到第一位的要价更为合情合理。

发动比较触发器，为你需要说服的对象创造一个判断的支撑点。许多推销人员就是这样做的。他们首先让你看一个系列产品中价格最高的产品。这样，相比之下，你就感觉可以支付得起中等价位的产品。

喜　欢

古话说得好，我们喜欢喜欢我们的人。当人们存在许多共同点时，通常彼此之间就产生了好感。因此，一个说服者应该从事取悦于听众的基础工作。我们一直在营销环境中观察这种现象。成功的销售人员在没有进行实质性交易之前，就试着与他的潜在客户建立友谊。

你该如何激活“喜欢触发器”？通过发现共同的兴趣——无论是共同的母校、爱好漂流还是烹饪特长，与你的同事、上司和直接下属建立紧密关系。通过真诚地赞美别人，对其观点、方法、能力和品质进行积极的评论，以此表示你喜欢他们。

互　惠

人们通常感觉需要报答恩情。这种近似直觉的、相互报答的愿望存在于所有的社会。因此，发现美洲大陆和太平洋岛屿的欧洲探险家们总是带些礼物送给他们遇到的人。同样，他们也收到了许多礼物。商人清楚地意识到了这种报答的朴素愿望，并加以充分利用。例如，募集资金者发现，当他们在发给潜在募捐者的信封里附带一个看上去微不足道的小礼物的时候，捐款数量就会明显地增加。

使用互惠触发器可遵循以下原则：先予后取。一个小的恩惠，诸如把你的一位职员借调给你的同僚为其工作几天，一旦后来在某个重大项目上你需要那位同僚的帮助，他会以5倍的数量报答你。考虑给予什么时，要寻找满足他人和你自己需要的方法。

花点时间思考一下你能给予什么。或者，能免费借给你的同事或消费者什么？一定的时间？空闲的办公空间？免费的样品？如果你为同事们作出了上述贡献，你将惊喜地发现他们回报了你什么。

社会认可

如果某人倡导的内容是人们所喜爱的标准惯例，或基本趋势，那么，人们就比较倾向于效仿他。例如，在美国，典型的公共无线电台资金筹集期间，播音员周期性地播放已决心资助电台的资助者的名单："马萨诸塞州（Massachusetts）塞勒姆市（Salem）的罗伯特·哈丁（Robert Harding）和伊莉莎白·哈丁（Elizabeth Harding）刚刚成为新成员。列克星顿（Lexington）的塞思·布朗宁（Seth Browning）也已加入进来。您为什么还不打电话加入到塞思和哈丁夫妇的行列中来，以支持公共无线电台呢？"这就是社会认可。

你如何激发社会认可触发器？要记住联系的力量：把你本人、你的公司、你的产品与听众所仰慕的其他人和组织联系在一起："在美国，我们的服务被《财富》500强中的440家公司所采用。"

应用同伴的力量实施横向影响。例如，如果你试图说服一群抵抗者认可某一新项目的优点，可以请组织中最初同意该项目、并受人尊重的雇员在团队会议上发表支持性的讲话。借助于他的陈述，你就很有可能说服你的同事们。

承诺与一致

如果人们已经作出了一个自愿的、公开的及书面的约定，他们就比较倾向于按约定行事。例如，在一个综合公寓区，那些在申请书上签字、表示愿意资助新娱乐中心的居民，92%的居民后来都因为这个原因捐了款。

要激活承诺与一致触发器，就要促使别人签订自愿的、公开的和书面的约定。例如，假设你想要一位雇员及时提交报告，为了鼓励这种行为，你可以把及时提交报告的约定与由你们两人签字的正规的工作改进计划联系在一起。

如果获得承诺很困难，就从点滴做起。在你应用了这个触发器以后，你就能把小承诺变为大承诺。

权 威

许多人自童年时代就被要求应自觉地服从诸如家长、医生和警察等权威人物的管理。权威来源于职位及与职位相关的资格证书。例如，作为一家药材公司的管理者，如果你拥有医疗资格证书和商业管理资格证书，那么，你的权威性就会增加。这种权威性与前面所提到的专长有关。

合适的服饰或官服也能增加成功说服别人的机会。在某一重要演讲会上，那些充分发挥服装作用的商人们能够增加他们说服成功的机会。

为了发挥权威触发器的作用，一定要让说服对象知道你的权威来源。穿上得体的服装，也可以利用其他代表权威的官服。

为了从上述六种触发器中获得最强的说服力，在一次说服活动中综合运用几种触发器要比单独使用一种的效果要好得多。

小 结

- 为了说服别人，你需要打动听众的理性和感性。
- 为了增强逻辑上的感染力，需要对陈述或讨论进行结构安排、运用证据、讲清提议的好处，并选用合适的字眼。
- 在人类决策的过程中，与事实、数据及对建议的理性评估相比，情感发挥的作用更大。

- 生动描述、隐喻、类比和故事都属于你用来打动听众感情的工具。

- 为了避免抵抗，首先要认清抵抗者的利益。

- 抵抗通常源于不信任和恐惧。有效的说服能够在一定程度上消除上述任何一种原因。

- 为了增强说服的感染力，某些人借助于说服触发器，或思维捷径。上述六种触发器在这儿可解释为：喜欢、互惠、社会认可、承诺与一致以及权威。应用一种或多种触发器，可以使你的提议在听众的情感层面具有更大的吸引力。

7 精彩的演讲

7 精彩的演讲
——永恒的说服工具

本章主要话题包括：

- 演讲结构——希腊方法
- 修辞方法
- 不同听众的不同学习风格
- 如何令人口服心服

正规演讲是一种交流信息、说服听众的有效方式。商业人员常借此向上级管理部门汇报成绩、推销公司产品和为顾客服务、鼓励坚持规划目标或进度、解释某项建议的细节、为新产品线的发展做宣传等等。尽管某些演讲仅仅是为了传递信息而已，但大多数演讲者仍希望能够影响听众，或说服听众接受他们的观点。

花点时间思考一下你做过的演讲，或者上个月你听过的演讲。多数演讲者希望改变听众的想法，或说服听众以某种方式行动。

本章内容将有助于你增强演讲的说服力。第一部分，首先介绍一个可追溯到古希腊时代的、经验性的演讲结构。第二部分，主要解释几种增强演讲影响力的修辞方法。第三部分，解释典型的听众学习风格。如果你理解了这些风格，并加以迎合，你的演讲就会收到更好的效果。最后一部分，就如何应用其中一种最重要的、但常被误用的生动的演讲技术提出可行性建议。

演讲：希腊人的方式

在学习如何进行一次重大的演讲时，我们可以从最早进行演讲并且做得最好的古希腊人那儿得到启发。[1]随着雅典希腊人(Athenian Greeks)开始进行民主政府的实验，他们开发了许多演讲技术。公开演讲艺术首先诞生于该项实验。随之，法律制度也得到了发展。事实上，概括了具有说服力的演讲结构的五步希腊法(five-part Greek)，至今都没有得到突破性的发展。该五步包括前言、叙述、讨论、辩驳和总结。所以，大约 25 个世纪后的今天，你仍然可以利用希腊人的洞察力增强演讲的感染力。

前　言

传统的做法是把演讲或演说词分成三部分：告诉听众你将要讲什么，然后进行叙述，最后，总结你刚才所讲的内容。希腊人不同意上述方法。他们发现，可以预测的东西易引起人们的厌倦。该观点得到了无数不同年龄段人的赞同。观众迅速地估计出你下一步要做什么。一旦他们这样去做，他们就会选择性地倾听三部分中其中一部分的内容，而其他两部分则被其忽略。

希腊人通常应用前言来调动听众的愉快情绪。下面是他们的几种策略：

赞美听众。赞美听众永远都不会错。

与曾经辉煌，或正走向辉煌的你们这支团队相处是一件非常愉快的事情。

谈论前任演讲者。如果你的演讲是系列性的，那就谈论一下给听众留下深刻印象的前任演讲者。

简(Jane)以其对公司核心价值的雄辩陈述感动了我们在座的每一位。现在，我要给大家谈一下我与简同样感到重要的、有关公司价值的另一个主题：我们的研发中心正在从事的工作。

谈论事件。强调某事件的特殊性或独特性。这样做可以增加听众的兴趣，并让他们产生一种机会难得的愉快感觉。结果，他们会更加认真地听讲。

今天上午你们将有一个难得的机会，可以见到我们行业中最重要的三位创新者。

谈论历史瞬间。如果你能把演讲的时间和日期与历史线索联系在一起，观众就能从中强烈地感受到一种意义和庄严。

三年前，我站在这同一个舞台上，向各位描述我们公司令人绝望的财务状况。而三年后的变化令人感慨万千！

谈论地点。谈论进行演讲的大厅、城镇、州，甚至于国家，将有利于你的开场白。

这座小城——一座200年前曾见证了我们的民族首次迈向自

由、建立新的民主国家的激动人心一幕的小城，今天，又成为新的爱国者商城值得骄傲的选址。

谈论演讲的要点。前一章曾描述了设计演讲框架是一种有价值的影响工具。作为演讲者，介绍即将与听众交流的主题及线索是你的特权。

今天，我们在这儿要谈谈过去六个月公司的利润情况。坦率地说，公司的赢利能力令人失望。真正决定利润的核心问题是顾客满意度。为此，我要拿出一点时间来强调这个问题。

叙　述

叙述的本质是讲故事。不管你想让听众去做什么，还是想告诉他们什么，你必须将此牢记于心。如果发现你不是以讲故事的措辞叙述你想要讲的事情，就应重新思考演讲的素材。把要传递的最重要的信息编成故事，以你希望听众能够理解的方式叙述重要事实。

在描述研发中心正在发生的激动人心的事情之前，让我们回到15年前，谈谈我们现在所执行路线的制订者：马克·约翰逊(Mark Johnson)。与我曾见过的任何一位实验科学家相比，马克更富有好奇心和创新天赋，并教导与他一起工作的人员，要思考消费者难以描述清楚的、超出其现实需求之外的潜在需求。那些潜在需求正是我们目前所致力于开发的项目。

讨论

在演讲的讨论部分，你要展示支持你论点的证据或推理。这部分或许是演讲中最重要的。记住：观众几乎回忆不出他们所听过的内容。正是由于这个原因，你要准备所需要的、最低限度的确凿证据和最多不超过三到四个的论点。你要试着展示更多的论据，以避免因证据不足而削弱了论点（的说服力）。因为，（如果论据不足，）观众会因此而被激怒。他们开始相信，你在利用你所能想到的任何东西费力地支撑一个虚弱的论据。

在讨论的整个过程中，承上启下的评论将有助于引导听众了解你的所有论据。

有三个理由可以说明九洞高尔夫球场扩建工程财政不合理性的原因。第一，工程所报告的收益严重夸大——几乎夸大了50%。这是因为园林部门提供了非专业的损益报表。第二，缺乏足够的水源供给。这座城市一直为满足城市居民和商业用水的供给而抗争，扩建工程将会改变水源的需求。第三，该地区正在运营的两个高尔夫球场近几年来出现了供求不平衡。所以，扩建工程的收益也会是令人失望的。

辩驳

在希腊人演讲模式的第四部分，你要预测针对你所提观点的反对意见。当讨论主题存在争议时，这部分尤其重要。你必须认真听取反对者的观点，哪怕是你想立即推翻它们。不重视异议将引起观众抱怨你从不考虑反方的意见。话题的探索性越强，对反方观点的陈述就越重要，并且在辩驳过程中要尽早地这样做。

你可以采取两种方式处理辩驳过程：

1. 回应可预料到的、针对你所提论点的反驳。

“有人已经告诉我，忘掉围绕新技术构建新产品线的事情。‘企业运营很好，’他们说。‘所以，为什么要改变产品线？’在晶体管时代之前，真空管制造商的生意也很好。但是，终有一天，当那些公司一觉醒来，猛然发现技术的发展已把它们甩在了后面时，几乎所有的公司都感到很绝望。今天，我们正面临着与此情景相似的可能性。”

2. 抓住机会否定反方的论点。

再强调一遍，对存在高度争议性的讨论主题来说，这种策略是非常关键的。

“有些人认为，我所倡导的数据存储系统，仅仅是转移我们目前的存储系统的业务。我想对这些人说，难道你宁可愿意让别人来为我们做这些事情，也不赞同我们自己来做吗？”

结　论

结论不应该是对论点的总结，而是应该呼吁听众去理解、行动和认同——无论你想让听众去做什么，或者思考什么。所以，不要掉入告诉观众你讲了什么的陷阱。对所讲内容的总结肯定能够浇灭演讲可能已激发出来的听众们的热情。所以，忘掉总结，而告诉你的听众应该思考什么或去做什么。

当你今天离开这儿后，你会充满自信地认为，你所代理的产品是市场上最好的产品，它有最强大的行业服务系统，也为消费者提供了价值最大化的价格。

修辞方法

古希腊人并非仅仅开发了五步结构演讲法，他们还发展了联系听众的修辞方法——一种至今都高度有效的方法。包括排比结构、三句式、对偶句和修辞性提问。应用上述方法能够提高你的演讲效率和说服力。

排比结构

排比结构采用功能和结构都相似的句子成分。排比结构在演讲中特别有用，因为语言结构的重复有助于观众听清楚并记住你所讲的内容。仔细研究丘吉尔(Churchill)于1940年6月对下议院所做的敦刻尔克(Dunkirk)演讲：

我们不应该委靡不振或放弃战斗。我们应该坚持到底。我们应该战斗在法国，我们应该战斗在海洋，我们应该以不断增强的自信和勇气战斗在空中。我们应该保卫我们的国家,无论付出多么大的代价!我们应该战斗在海岸边,我们应该战斗在着陆点,我们应该战斗在田野与街巷,我们应该战斗在丘陵与高山;我们绝不应该投降。

你可以用相似的语言结构,更好地说服别人接受某种行动方案:“我们要努力地工作,我们要灵活地工作。我们要为公司和个人创造一个美好的未来。”

三句式(*Traids*)

希腊人很早就发现,三句式能够引起人们的注意。无论你称之为三项律原则(Rule of Threes),或者简称为三句式(Traids)。三句一组的句式似乎令人们感到完整与满足。没有人确切地知道这是为什么。马丁·路德(Martin Luther)在其著名的“我有一个梦想”的演讲的结尾使用了三句式。马丁·路德非常喜欢这种句式。所以,在他的演讲中,他连续地使用了该句式:

当我们放飞自由的翅膀;当我们让自由从每个乡村飞到每一个村庄;从每一个国家飞到每一个城市。我们能够加快这一天的早日到来:当上帝所有的孩子们——黑人与白人,犹太人与非犹太人,新教徒与天主教徒,手拉手,歌唱着古老的黑人奴隶的圣歌:“我们终于获得了自由,我们终于获得了自由!感谢全能的上帝!我们终于获得了自由!”

在许多商业性演讲中,三句式结构的应用也可以产生良好的效果。

我们这种新的反射窗户薄膜可以降低您的空调费用，消除令人烦恼的强烈的阳光，保护您的家具免遭损害。

另有一例如下：

如果我们把自己当成像经理那样工作，新战略就会发挥作用。这意味着：明确表达我们的战略目标，确保每位雇员理解他/她的工作与上述战略目标一致，奖励各个层次的成绩显著的人员。

对 偶

在修辞法中，对偶是把一个句子或句子中的一部分与其余的部分对立起来，以吸引听众的注意力，或引起听众强烈的反应。如，思考下面的例子：美国新罕布什尔州(New Hampshire)的格言是：不自由，毋宁死。

尽管对偶是一种能让听众留下生动印象的很好的表达方式。但是，今天人们却很少使用它。回忆一下约翰·F.肯尼迪(John F. Kennedy)在1961年1月的就职演说。整个演说充满了对偶。但是，直接面向观众的最后一段特别有说服力：

所以，我的美国同胞，不要问你的国家能够为你做什么，应该问你能为你的国家做什么。

由于对偶句具有强烈的对比效果，所以，商业演讲者很少能够使用。然而，你可以寻求这样的机会：

选择在我们手中。我们要么忍受保守者带来的困境，要么抓住创新者带来的优势。

设问

设问是仅为了产生某种效果这一特定目的而提出的问题。演讲者不希望所提问题得到回答——尤其不需要听众的回答。修辞性设问方法是通过呼唤答案把听众引导到某一主题上来，即便演讲者并没有说出这些答案。看一下帕特里克·亨利（Patric Henry）于1775年3月（美国独立战争首次冲突爆发前的一个月）发表的著名演讲：

绅士们或许大声疾呼："和平！和平！"。但是，（世界）并不存在和平。战争确实爆发了！我们马上就会听到席卷北部的狂风——强大部队的冲突即将到来。我们的弟兄已上了战场！为什么我还无所事事地站在这儿？这就是那些绅士们所期望的吗？他们已拥有了什么？他们愿意拥有什么？难道我们要以锁链和奴役为代价来换取所谓可爱的生活和美好的和平吗？

进行修辞性设问后，亨利以最坚强的语气作出了回答：

"去他的吧，上帝！我不知道别人的行动，但对于我来说，不自由，毋宁死！"

注意出现在帕特里克演讲最后一句中的对偶。

作为一个经营者，你有很多的机会进行修辞性设问，并陈述你的答案。参看下面的例子：

如果我们继续执行同样没有效率的战略，可以预料，这个公司就会有同样结果：市场份额紧缩和利润减少。你愿意在这样的公司工作吗？你愿意安于平庸吗？我对此表示怀疑。所以我要提出这项计划，我今天在这儿请求大家的支持。

自信演讲的诀窍

在进行有说服力的演讲时，重要的不仅仅在于你讲了什么。怎样演讲将会对你的听众产生影响。为此，尽量使用如下窍门：

- **变换讲话节奏以适应你的目的。**语速快有助于激励和鼓舞听众；而语速慢则令听众产生一种期待的心境。对绝大多数的演讲者来说，最好的节奏是：让听众能够足以跟随你的思路又能保持对你所谈话题的原有兴趣。

- **低音调凸显权威性。**很多人将低音调理解为具有权威性和影响力。与此相似，用逐渐变弱的音调（低音调）完成一个句子，表达了自信和确定。

- **控制音量。**大声地演讲足以使听众听到。但音量不要大得令听众烦躁，甚或激怒听众。喧嚷一会儿，然后降低音量。再用高一点的音量强调重要的词句和短语。

- **发音清脆。**干脆利落地吐出字词与语句，可以传递自信和胜任的信号。类似的发音也比较容易模仿。

- **停顿效果的应用。**正确而适时的停顿能够帮助你强调信息，并使听众产生一种渴望的心情。它还能将听众引导到特殊问题上。关键在于，要在你想强调的观点之前停顿。例如，“今年我们的销售额增加了……25％”。停顿时你要默数“一、二、三”，在停顿期间，要用眼睛保持与听众的联系。

不同的听众，不同的学习风格

另外一点需要记住的是：当你形成观点和表达观点时，不同的听众，很可能具有不同类型的个人学习风格。[2]你或许比较熟悉下述三种学习风格：视觉型（visual）、听觉型（auditory）和动感型（kinesthetic）。大多数人擅长于其中的某一类型，而在另一类型上则比较弱。

视觉型学习者（visual learners）。该类学习者对图像、图表和其他的视觉刺激最敏感。研究表明，有30％—40％的人属于视觉型学习者。

听觉型学习者（auditory learners）。也许你已经猜到，该类型的学习者对语言和其他声音反应比较敏感。估计约20％—30％的人为听觉型学习者。

动感型学习者（kinesthetic learners）。该类型的学习者最擅长肢体活动：处理设计草样、在实验室的工作台上工作、看演讲者来回走动以及与观众打成一片，或者使用道具。30％—50％的人属于动感型学习者。

如果你想吸引不同类型学习者的注意力，使他们对你的演讲做出反应，那么，你的演讲必须符合他们不同的学习模式。否则，你将失去听众。

适应不同的学习风格是一件说起来容易做起来难的事情。因为,我们永远无法准确地把握不同听众的特定学习风格。而且任何听众的学习风格一定是视觉型、听觉型和动感型的混合体。处理上述问题的最好办法就是为每一个人提供同时具有视觉型、听觉型和动感型混合风格的内容。

为了正确地评估如何采用不同的演讲风格,看下面一个典型的商业演讲例子。你的一位同事正在最后一刻钟报告演讲结论。她站在团队成员组的前面,打开头顶上的幻灯或计算机,然后插入第一张幻灯片。大量的文字和数据映入你疲倦的双眼。然后,她开始逐字逐句地念屏幕上的文字。你也开始在椅子里摇晃,以便能更舒服一点。随着一张张幻灯片的翻过,你的同事继续用平淡的语调、低沉的声音讲解着,你已渐渐地开始昏昏欲睡。最后,你晃醒自己,逃出会议室,思考着"她讲了些什么?"。

下面介绍如何通过应用三种学习风格去处理上述尴尬的局面。

增加一些可视性的知识。与绝大多数演讲者类似,你的同事认为,她借助于幻灯片已经吸引住了视觉型学习者。但大多数商业性幻灯片从左到右排满了文字。可是,视觉型学习者需要的是图片——哪怕是最简单的。所以,把你要讲的关键概念以角、圆圈、方框等形象地表示出来。不要太花哨。坦白地说,花哨并不是必要的,它并不会促进学习。除了图片之外,你还可以采用表格和其他不同的表现方式。但必须牢记:越简单越好!

暗示听觉型学习者。通过谈话影响你的听觉型学习者。但是,某些类型的谈话比其他类型效果更好。寓言和逸事吸引听觉型学习者，且通常易于记忆。除此之外，你还可以采用小组讨论、辩论、问答会等类似的方法——只要该方法能使你的谈话比散漫的商业演讲更接近于讲故事的风格。

通过动感型学习活跃演讲气氛。在商业演讲会上，动感型学习者或许是最容易被忽略的一类。商业世界中所发生的多数事情是为了吸引大脑而不是肢体，演讲也很少能违背这一令人郁闷的规则。这儿最关键的是让你的听众做点事情。要让他们一开始就介入到学习中来，并且通常通过角色扮演、游戏、模型练习，甚至绘制表格和物理展示，让他们学到你想让他们学习的东西。例如，在演讲的开头部分，只简单地让听众站起来，大声说出合适的、有趣的事情，就能极大地增强他们的活力。这种方法虽然古老，但并不过时。这是因为你吸引了听众中的动感型学习者。

如果在某次演讲中你采用了上述三种方式，你的听众就会非常集中精力，并能记住更多的内容。

注意：包含文字和图表的可视化图形已成为正式演讲的标准特征。因此，掌握这些方法是绝对必要的。当谨慎地应用上述方法时，图形能够有助于讲清楚重点，并使之易于记忆。然而，如果不加思考、不经训练地使用上述工具，就会造成混乱，或者使听众厌倦，削弱整个演讲的效果。学习如何最好地借助可视化的帮助，请参考附录C，“可视化演讲的一般规则”（Commonsense Rules for Presentation Visuals）。

令人口服心服

在第六章有关“说服”的讨论中，我们已经强调过听众情感这一主题。在这儿仍有必要回顾一下正规演讲中的情况。

我们的商业文化决定性地倾向于分析和理性。所以，许多演讲者关注论点的逻辑性和一定数量的支持论据，这一点不足为奇。而感情的成分不包括在其中；或者，即便有，也被堆积如山的事实和数据所掩盖。例如，在新产品演讲会上，演讲人将不可避免地、声音洪亮地介绍许多产品说明、预测的财务状况和其他令人激动的数字绩效。所有的这些信息全部都是针对人的理性的。

然而，许多商业问题没有对个人和情感的成分给予基本的尊重。但情感因素可以对听众产生巨大的影响力。看一个新产品线概念的例子。表面上看，新产品线所包含的全部内容就是：潜在收益、成本估计、市场份额和公司发展战略。从深层次看，新产品线能够以下述方式影响单个听众。

- **作为一种威胁。**“如果新产品线能够预期运行，我的产品线的重要性就会被超过。”
- **作为一种有益于个人的机会。**如果这项工作进展顺利，我们的年度奖金就会多 2 倍，我就能够帮助孩子们支付大学贷款，或者，我就可以早点退休了。
- **作为工作环境的一种变化。**如果这项工作能按计划进行，新产品线将会使这儿发生巨大的变化。我们无须再整日担忧被解雇和扣减奖金。人们将愉快地参与到这种变化中来。

一个好的演讲者能够清楚地认识到这些充满感情色彩的关注。演讲人针对听众的理智与情感进行讲述。这样做可以使听众在更深层次上参与进来。所以，当你描述完故事的理性方面后，要转向对观众而言具有更深层次的个人意义方面来。使用人称代词使你从冷漠的客观性转向个人方面。

前面概述了所推荐产品线的收益和成本估计。对上述估计和它们所描绘的长期效益我们充满了信心。我们也相信，这个新产品线有能力以最根本的方式改变我们的公司，使公司变得更好。如果你正因落伍的产品设计和技术而深感遗憾，那么，这些新产品将恢复你的自豪感。如果你正厌倦于市场追随者的角色，那么，这些新产品将促使我们变成市场领先者，客户也将把我们的公司看做是技术领导者。

在末尾一段，你注意到了诸如“我们”、“你”、“我们的”等所有的人称代词吗？不要过度频繁地使用上述词汇。但是，如果时机成熟，如果你想为观众留下较深刻的印象，用人称代词讲话就会说到听众的心坎里去。

准备回答问题

观众提问是其参与活动并充分理解说服者观点的有效方式。

安排提问和回答(Q&A,Question & Answer)的最好时间是在演讲的最后。这样,你将有保证地完成既定的演讲内容。较好的做法是:事先告知听众,你会在演讲的最后留出提问的时间。这样做有两点好处:能够避免意外的打断;确保听众在提问之前完整地听完你的讲解。在演讲期间,提问能够促使听众参与进来,也为你提供了有关听众对你所讲内容理解程度的反馈信息。但是,这种方法有可能引起你无法控制演讲进程。

预测可能的问题

Q&A使演讲人承担风险。如果她必须不断地重复说:"我不知道","我不太确定",或者,"就这个问题回去后我再与你联系"。演讲的信用度就会降低。如果演讲者事先预测可能的问题并寻找出答案作为演讲准备工作的一部分,那么,就能够降低上述风险。

如果你费点儿心思去理解听众,你就能够预测出听众可能要提出的问题。谁要来参加演讲?演讲以何种方式打动听众?你的哪种观点会与听众目前的理念发生冲突?例如,如果你的演讲关注一种新的职工牙齿保险计划的实施,你就要准备好该计划的具体内容和可预测到的问题的答案——除非你在演讲主题中不包括这些内容:

雇员每个月要拿出多少钱投入该项保险计划?

在该项计划获益之前,雇员是否每年必须缴纳保费?

该项保险计划包括畸齿矫正手术吗?

该保险计划自动覆盖所有的家庭成员吗?

如果不是,附加保险的成本是多少?

预测并准备好每一个可能出现的问题是不可能的。正是因为这个原因,你必须准备好"随机应变",并知道如何转移问题的方向。在这方面,你拥有四种工具:反馈、释疑、澄清和同感。[3]

作出反馈

反馈是一种双向交流方式。某人说出了某事,你给予回应,并对所讲的事情给予反应。请看下例:

你是一位资深经理,负责一项很快就要上市、且远超过预算的新软件产品的开发工作。你被要求组建团队,立即行动。你完成了作为倡导者的激励性的讲话,然后回归于现实。你希望你的讲话听起来不像在发疯。接下来开始提问和回答。坐在房间后半部分的一个人首先提问。

"请原谅我的怀疑态度。但是,几个月以来,我们已经多次从高级管理部门处听到与此类似的废话。我们不需要另外的鼓舞士气的讲话,我们真正需要的是更多的帮助和更少的繁文缛节。"

这是你最害怕的问题。你开始思考你的讲话是否没有对听众产生影响。你做了一次深呼吸,然后给予回应。"事实上,我们正努力地为你提供更多的帮助。我们正努力地雇佣合格的人员。但是,正如你所知道的,现在马上找到合格的软件开发人员是非常困难的。我们不想雇佣会进一步增加你的工作难度的二流人员。因为雇佣这些人将带来更多的问题。如果你发现了合格的软件开发人员,请与人力资源部联系,并把这个信息告诉该部。

“至于繁文缛节,当你在独立的办公大楼开始工作,并组建了自我管理的项目团队时,我们会考虑消除绝大多数的繁文缛节。还有问题吗?”

表面看来,在本案例中,你已经对提问者的每个观点都作出了回应。然而,对于改变提问者的消极态度——或许也是其他人持有的态度,却没有任何效果。你应该做得更多,如下文所述。

解析问题

解析问题是反映提问者观点的一种技巧。它表明你一直在倾听他的讲话,并对所讲的内容感兴趣。让我们看看在上述同样的例子中该工具是如何发挥作用的:

你所讲的是:我刚才仅仅给出了政策,而你真正需要的是更多的帮助和更少的繁文缛节,我说得对吗?

提问者的反应可能是“是的”。有敌对情绪的提问者开始赞同你了。然后,你就能够继续作出反馈,采用在个案研究例子中的语言。但是,这样做仅仅对善于接受(他人观点)的听众有效。但还有其他更好的回应方式。

澄清问题

在澄清问题时，借助于提问者的语言确定其真正意图比较困难。让我们看看下面的内容。

我对你说讲内容的理解是：你发现了两个关键问题：太少的人员和太繁琐的流程。第一个问题也许是最重要的，对吗？

那么，你已经与提问者在某种层面上达成了一致。不管怎样，通过澄清问题，你又向前迈进了一步。你已经向观众表示，你确实有兴趣试着找出最重要的问题。以这种方式，你较好地控制了Q&A的时间。

表明同感

同感(empathy)是一种对他人的想法或感觉的感同身受的能力。演讲期间你所做的、表达你真正同感的任何事情，都有助于改善你与听众的关系，也有助于抵消任何下意识的敌对情绪。正如美国前总统比尔·克林顿(Bill Clinton)喜欢说的那句话"我能感受到你的痛苦"。听众中富有真正同感的成员将认为，"她理解了我们的问题"，或，"她确实是我们中的一员，我们可以相信她"。信任敲开了说服的大门。

Q&A 活动是能够表明你与观众有同感的重要场合之一。正如前述有关软件项目的例子。

我知道你们团队遭受了工作时间长、人手少的困扰。上个星期有位女士就告诉过我，她不得不错过其女儿的第一次足球比赛。我也有年幼的孩子，所以，我理解她的感受。所以我们派出人力资源部的人员，去各个定期的软件工作招聘会，竭尽全力地去寻找能够减轻你们负担的合格人员。

不断改进

与其他活动相似，演讲也是一个投入（你的观点、信息和论据）—产出（产生听众听到和看到的东西）的过程。与其他过程一样，它可以不断得到改进。

过程改善——无论是与制造汽车有关，还是与说服董事会成员有关，都是质量的基础。20 世纪 80 年代横扫整个制造业以及随后贯穿服务业的质量运动告诉我们：如果我们想有一个较高水平的产出质量，我们应该首先注意产出本身。产品符合标准吗？或者存在可测量的缺陷吗？一旦发现缺陷，我们必须查找缺陷的根源。一旦找出上述根源，我们就能够采取正确的行动。

每次演讲后按这样的方法去做。如果在每一次真实演讲或彩排后，你都花时间客观地对其进行评估，你就能够准确地找出演讲效果较差的根源。例如，你或许发现杂乱的幻灯片、乏力的开场白、不恰当的幽默或其他原因。一旦你找出了问题所在，就为准备下次演讲做了些事情。这样，你就永远不会两次犯同样的错误！

评估演讲水平和指出应改进内容的最好方法之一，就是把活动过程进行录像，回放每一次的演讲或排练。如果这样做是不可能的，就请一位或多位热心的同事观察演讲的哪部分较好，哪部分较差。演讲后回放录像带或者同事的点评将帮助你了解最好和最差的演讲技能。如果对演讲技能不断地加以改进，你的演讲效率就会不断地提高，你在组织中的地位也会不断地得以提升。

处理Q&A的诀窍

下列诀窍有助于你和你的听众从演讲中最大限度地获得好处。

- 明确表明，Q&A的时间到了。
- 如果听众太多，要重复所提的问题，以便让听众听到。
- 重复问题，面对全体听众而不仅仅是提问者给出问题的答案，以此来保持对Q&A活动的控制。
- 如果你不知道某个问题的答案，指定某个人进行回答。或者，以后再给出答案。
- 如果你遇到了有敌意的问题，找出敌对的原因。承认其正确的观点，否绝其不准确的内容。然后，有礼貌地继续进行。
- 不要让一个提问者霸占整个Q&A时段。可以委婉地说："为了让其他人也有发言的机会，只好暂时打断你，让我看看能否对你提出的问题给予回答。"

小　　结

- 希腊人对公众演讲的方法涉及到五步结构：前言、叙述、讨论、辩驳和结论。你可以应用上述方法组织与开展商业性演讲和推介。

- 前言是为观众接受信息做准备。
- 在叙述部分，演讲者讲述她的或他的故事。
- 在讨论中，演讲者介绍支持性的论据。
- 演讲人随即针对预料中的异议加以辩驳。
- 结论呼吁观众应接受的观点和要采取的行动。

- 希腊人用于联系观众和说服观众的四种修辞方法是：排比结构、三句式、对偶和设问。在今天，上述方法与多年前一样有效果。

- 三种不同的听众个人学习类型是：视觉型、听觉型和动感型。演讲者应使演讲内容适应听众的学习风格。当演讲者不了解听众的学习风格，或者听众的学习风格是混合型时，演讲人就应该为每个类型的观众都准备一些内容。

- 不要仅仅强调听众的理性，还要通过明确地强调你的建议将对其个人产生影响来唤起听众的情感。

- 利用Q&A活动，拓展你与听众的联系，并进一步说服他们。

- 把连续的过程改善原则应用到演讲中。如果你这样去做，你的演讲水平就会随着时间的推移变得越来越高，越来越有说服力。

权力、影响与说服

8 权力、影响与说服的道德准则

8 权力、影响与说服的道德准则
——值得遵守的信条

本章主要话题包括：

- 合乎道德的职权必须符合两个标准
- 操纵的频繁使用
- 创造道德文化的五种方式

权力、影响和说服与“炸药”具有相同的特征。当出于良好的目的，并且谨慎使用时，权力、影响和说服都能带来好处。但是，多数人都知道，如果处理不当，如，粗心、不负责任或者恶意等，它们就会产生破坏作用。

从卡利古拉(Caligula)到希特勒，每一个朝代都证实，权力腐蚀行使权力的人。莎士比亚(Shakespeare)的名剧《奥赛罗》(*Othello*)为我们提供了一个强有力的例证：依阿古(Iago)利用他的影响力操纵并伤害信任他的人。众所周知，那些巧舌如簧的人什么事情都会说，任何诺言都敢许，最后兑现的是空无一物。这些人无论什么事情都去做，只要能得到他们想要的：销售、推销、竞选获胜。

尽管如此，上述例子并不能否定我们合理地应用权力、影响与说服。权力、影响与说服在日常生活与商业活动中均扮演着重要角色。本章正式讨论与应用权力、影响与说服有关的道德准则问题。

权力的有道使用

历史学家洛德·阿克顿曾警告他的学生和读者："权力容易使人腐化，绝对的权力绝对会使人腐化"。他之所以这样认为，是因为他担忧由掌握政权者打出的"自由"的幌子的危害性。充分的证据证实了他的忧虑。作为一位古典学者，阿克顿对古希腊和罗马历史的暴政耳熟能详。在专制制度下，共和制的美德和自由都被专制皇帝一扫而空。只需读一下斯韦托尼乌斯(Suetonius)所写的《罗马十二帝王传》(*The Twelve Caesars*)，就可以理解权力是如何能够导致专制，并腐蚀掌权者。

当今时代，我们亲眼目睹了当一个人拥有凌驾于别人之上的、过度的权力时所能发生的一切。2004 年中期，对美国士兵在伊拉克的阿布格莱布监狱(Iraq's Abu Ghraib jail)虐待伊拉克战俘的报道，震惊了全世界。正规军队的成员与我们中的其他人成长于相同类型的家庭环境，可他们却怎么能够做出如此残忍的事情？监狱丑闻难道仅仅是几个喜欢恶作剧的坏家伙所为吗？

辩护人将原因归结为不完善的培训和监督管理的缺失。但是，这种解释似乎并不充分。问题的关键是，士兵拥有凌驾于俘虏之上的、无约束的、无责任的权力——100 多年前阿克顿所警告的那种权力。更准确地说，在萨达姆·侯赛因统治时期，在同样的监狱里，当相似的环境普遍存在时，这种滥用职权以及比之更残酷的折磨已经成为一种标准化的程序。这似乎表明，绝对权力的腐化没有国界。我们知道，在以前的军事冲突中，被日本人、朝鲜人和越南人所捕捉的美国囚犯曾经历了更严重的滥用职权的折磨。

令人惊奇的是，2004 年揭露的虐待囚犯事件早已被一个模仿实验预测出来。该实验是斯坦福大学 1971 年在心理学家菲利普·津巴多(Philip G. Zimbardo) 的指导下进行的。在斯坦福大学心理学系大楼的地下室里，看上去相当正常的人员，一旦被赋予超过其他人的职权，就变成了虐待狂。

模仿伊拉克形势进行模拟实验。根据实验结果，津巴多研究出了上述事件发生的形势背景。“我和同事们的研究已经把煽动人性向消极方向发展的条件进行了分类。某些必要的条件是：淡化的责任、匿名的状态、人性蜕变、有示范性伤害行为的同伴、不进行干涉的旁观者及特权环境。”[1] 后三项条件也可见于某些商业组织。

是的，职权有可能使人腐败。但是，职权也是一个组织和社会正常运转所必需的。我们如何才能达到后面的目标而不是前者？解决该问题的方法就是合乎道德准则地行使职权。规范地行使职权必须符合下述两个标准：

1. 行使职权应有益于赋予职权的全体成员，并有责任为他们提供服务。

2. 它符合道德行为的文化或法律准则。

斯坦福大学的监狱实验

由津巴多及其同事设计和监控的模仿监狱环境的实验目的是：当你把一些正常人放到该人拥有至高无上权力的环境时（在该实验中，就是监狱士兵），一定会发生什么？他们还能保持人性的一面吗？还是会变得滥用职权和犯罪？实验小组尤其想观察变成囚犯或狱卒后的心理表现。

把一组精神健康、心智正常的中产阶级男性自愿者随机分成两组：囚犯和士兵。尽管两组成员都理解，他们仅是模仿实验的一部分。但是，模仿实验与现实监狱之间的界限很快就消失了。正如津巴多后来所写的："原计划进行两个星期的研究，因为失去控制仅仅持续了六天就结束了。因心智正常而被选中的好孩子，由于扮演无助的囚犯其情感逐步失控。因精神健康和具有积极的价值观而被选中的其他年轻人，则轻松地变成了虐待狂，毫无道德感地虐待他们的同伴（实验中的囚犯）。那些自己没有训斥囚犯的"好士兵"，也没有阻挡他们当中最坏的同伴，任凭罪恶毫无障碍地肆虐。"[a]

有关斯坦福大学监狱模仿实验的详细材料可参看：www. prisonexp. org.

[a] Philip G. Zimbardo, *The Boston Globe*, May 9, 2004. 检索自＜www. boston. com/news/globe/editional-opinion/oped/article/2004/05/09/power_rurns_into_bad_apples＞

其中，第一个条件代表了有道德地行使职权的最低要求。即，行使职权者意识到，他必须为赋予他权力的组织的最高利益而行使职权。

例如，如果一位执行官为了支持一个研究项目而行使职权，该项目如果成功了，则有利于他所在的组织机构，他就是以负责任的态度行使职权。因此,前GE总裁杰克·韦尔奇(Jack Welch)利用职权为一个挣扎中的研究开发项目争取到任意资金(discretionary funds)——一个非常规的行动。因为他的行为不符合正常分配资源的审查程序。尽管如此,韦尔奇的行为仍然是符合道德规范的。当时,项目小组的科学家和工程师一直试图开发基于数码技术的X射线系统。通常,项目基金是通过正常程序来决定的。但是,看到举步维艰的研究开发项目,一方面具有巨大的潜力,另一方面又存在融资困难,韦尔奇运用他的重大权力进行了干涉。[2]他的干涉使研发项目存活下来,并最终发展到通过正常渠道能够融资的水平。随后,又获得了巨大的成功,为GE和它的股东们增加了收益。

与规范地行使职权相对比,或许你可以举出诸如执行官、政治家利用职权为自己、朋友和家庭谋利益等反面案例 。参看下面的实例:

一个中等规模社区的户主们,发现了附有季度水费和维修费账单的一封信。这封信是用市政信笺写成,并由公共工程部门的官员签发。该信建议户主们购买一种特殊形式的保险,该保险由一家私人公司提供,条款是支付该楼任何维修和更换地下水管的费用。虽然没有直接地推荐户主们应该购买这家公司的保险,但的确留下了该公司的电话号码,鼓励户主如果感兴趣就拨打该电话号码。

许多人纳闷,“为什么城市官员占用纳税人的时间和金钱为一家赢利性的私人公司提供的服务做广告?像其他每个商业机构一样，难道这家私人公司不应该自己做广告吗？”深入探究一下这个故事，一位企业新闻的报道者发现了秘密：市长与这家保险公司的市场营销部副经理之间关系密切。此外，两年前，这位市长曾鼓励前任市政工程的官员向户主们发送同样的信件，但遭到了拒绝。因为那位官员认为这样做是不道德的。

如果市长利用公众赋予他的权力——事实上他已经这样做了，为保险公司的执行官及其公司谋利益，那么，该行为则属于不道德地行使职权。

规范行使职权的第二个条件——它必须符合与道德行为相对应的文化或法律准则。该条件的要求超过了第一个条件。因此，如果利用职权为所在组织谋利，或者，如果违法行使职权，或与居民所期望的行为标准相违背，那么，行使职权的行为就是不道德的。参看下面的例子：

一位销售人员，被授权向消费者推销其公司的产品以便获得订单。如果以诚实的态度客观地介绍产品的情况，则她的行为符合道德规范。说谎和其他形式的欺骗将明显地对公司有利——特别是在短期，但是，却玷污了与道德行为相对应的文化标准（也许是法律）。她就是在不道德地行使职权。

服务于任一组织的每个人，都会面临道德行为内在的两难困境。

提到这方面，一种对外交家的玩世不恭的描述浮现于脑海：“一个诚实的人一旦走出国门，为了国家的利益，他就会说谎。”人们经常会在做什么对公司最有利与最符合道德标准之间进行选择。通过与30位哈佛商学院近几年的毕业生的面谈，哈佛教授小约瑟夫·巴达拉科（Joseph Badaracco Jr.）为此找到了明确的证据。巴达拉科描述了面谈的情景：

在许多情况下，年轻经理们接到来自中层管理者的直接指示，或者感受到巨大的、来自组织的压力，要求他们去做他们确信是卑劣的、不道德的、有时是违法的事情。第二，公司的道德纲要（ethics programs）、行为准则、使命陈述（mission statement）、热线电话等等，都不提供任何帮助。第三，许多年轻经理认为，他们公司的执行官从不关心道德方面的事情。要么因为他们过于繁忙，要么因为他们想规避责任。[3]

面谈者列举了其强权老板把他们置于道德准则与公司利益两难困境的压力。有人被告知伪造数据以支持老板的计划。“照这样去做。”有人告诉他。还有人描述了几种情况：那些把不道德行为或违法行为反映到最高管理部门以便引起关注的揭发者，往往面临灾难性的个人后果。许多人一直担心，做正确的事情会付出丢掉个人工作的代价。

影响与说服他人的道德准则

不管你的影响是直接的还是间接的，只有追求双赢目标的影响才最有效率。道德实践者在任何形势下都能识别出内在的、双赢的机会。事实上，这也是谈判大师的一个标志：识别和追求双赢机会的能力。这些人也考虑他们所做的任何事情的长远意义。他们知道,不道德的策略能顷刻间毁灭多年建立起来的信誉。如果发生了上述事情,他们的影响力也就随之消失。

也许,对有道德地施加影响的最大背叛就是操纵(manipulation)。阿伦·科恩和戴维·布拉德福德在其著作《非权威的影响力》中,把"操纵"定义为"旨在产生影响的行为,一旦另一方当事者知道该行为的真正意图时,上述影响力就会减弱。则该行为就是操纵"。[4]下面是几个不规范使用影响力的例子:

- 谈判中夸大自己的要求,明知道即便少一点也能接受,但仍然坚持自己的目标。例如,某劳工组织代表非常高兴地得知,在新签订的合同中增加了4%的工资。但是,却要求再多增加一些。"我们的会员所得到的补偿费因近年来的通货膨胀而降低了购买力,我们需要增加7%的工资才能消除通货膨胀的影响。"

- 隐瞒自己的真实意图,以影响对自己有利的结果。看下面的例子,一位经理试图调离她手下的一位业绩较差的员工。但她却撒谎说,"我讨厌让你离开。但是,就职于后勤部门的那个空缺岗位,将有助于你在公司中做出成绩。"

- 故意提供错误信息以获得优势。

"我已听说戴维·琼斯(David Jones)打算今年提前退休。"某经理正向他努力争取的一位合伙人撒谎。"所以,对你来说,加入戴维的项目团队而放弃我的团队是一个很糟糕的职业变动。一旦戴维离开,他的团队就像一只没有舵的小船。"

诸如上述的操纵行为能够以牺牲别人的利益为代价获得短期

效益，它们属于得—失的情形。但是，正如科恩和布拉德福德所指出的，操纵者的操纵行为最终会被识破，她未来的影响力就会受到削弱，导致她未来处理事务的效率低下。“在今天相互依赖的组织中，一时愚弄某些人不足以保持成功，”他们写道。“那些依靠说谎达到目的的人，几乎无法避免地被揭露出来。然后，就会被不信任他们的同事和老板拒之门外。因可疑行为及损人利己所形成的声誉具有腐蚀性，同事和老板都拒绝接受那些失信者的影响企图。”[5]

渎职罪——即，隐瞒于己不利的事实，是另外一种操纵工具。它企图诱导操纵者的说服对象。看下面的例子：

让·米歇尔(Jean-Michel)是一家股票经纪公司的业务代表，他正在与一位委托人进行电话沟通。谈话的主题是预测一家迅速成长的新兴软件公司——Data Trix的股票事宜。让·米歇尔相信，Data Trix公司具有良好的发展前景，在公司发展的早期阶段购买其股票能够获得很大的收益。“谁能说清楚？”“说不定它将成为第二个微软呢。”

让·米歇尔同时也清楚地知道，高收益必然伴随高风险。事实上，他明白类似于Data Trix这样的小型技术公司的投资前景充满了陷阱。每一个像微软这样成功的企业，都伴随着众多其他公司的失败。并且，在这类公司的早期发展阶段，很少有人能辨别出它们的差异。

根据他的职业原则，他应该说明，他所推荐的投资的风险。但是，经验已告诉了他有关投资者行为的一个重要事实：详细地阐述投资风险会阻碍委托人的投资交易。如果没有交易，无论是让·

米歇尔还是他所在的经纪公司,都没有任何交易费的收入。所以,他思忖,“我与这位委托人就风险问题的讨论应把握在什么程度?”

在这个案例中,让·米歇尔的专业知识和股票市场的经验,已为他提供了一把量度他对委托人影响程度的尺子。他应该如何应用自己的影响力?很明显,如果米歇尔代表新发行股票购买者的利益,他就不得不相应地预测该股票的风险。

对　　策

权力、影响与说服既有必要性,又有危害性,同时,还产生道德上的两难困境。某些人必须比其他人拥有更多的职权,以便施加影响和做出强硬决策。但是,同样的职权也可被另外一些人以有害的方式加以行使。为了获得某些东西,人们还可以应用说服力。但是,说服力的界限与服务于自我的操纵仅一步之遥。对与权力、影响和说服有关的道德上的两难困境,能否采取某些措施进行消除或中和?答案是肯定的。通过采取下述措施,最高管理部门和公司董事会能够消除两难困境:

- 公司政策和标准应与最高水平的法律和道德行为要求相一致。
- 积极执行上述政策和标准。
- 把道德行为纳入对个人绩效的评估之中,并认真执行。
- 务必使那些被赋予权力的执行官和管理者们,在道德、伦理方面训练有素地、谨慎地行使职权。

● 做以谨慎而适度地使用权力、影响力和说服力表现道德行为的楷模。高级管理者只有在走出办公室和下层人员打交道时表现出道德行为才能成为楷模。

上述五种活动看起来似乎是理想主义者的方法，但是，在资深管理者与垂帘听政的董事们的能力范围内却很容易做到，并共同形成一种自我约束和自我发展的道德行为文化。该文化为所有雇员树立了高标准。

权力、影响与说服能够用于行善与作恶。对管理部门的挑战则是形成一种良好风气占主导地位的组织文化。

小　结

● 有道德地行使职权要符合下列每一个条件：应服务于给予权力的全体人员的最高利益，且这样做是一种责任；应符合与道德行为相对应的文化和法律标准。第二个标准的重要性超过第一个。

● 建立在双赢基础之上的、符合道德规范的影响与说服是最有效的。

● 操纵是行使影响力中对道德准则破坏性最强的一种行为。

● 在下列条件下，高级管理者和董事能够减少或消除道德问题，如果(1)公司政策和标准与最高水平的法律和道德行为要求相一致；(2)严格执行上述政策和标准；(3)把道德行为纳入对个人业绩的评估之中；(4)确保掌握职权者能够在道德和伦理许可的范围内谨慎地行使权力；(5)高级管理者和董事自身成为道德行为的楷模。

附录A 不是领导者的领导

附录 A 不是领导者的领导

许多人发现自己处于这样的境地:他们已承担了管理或领导责任,但却没有任何相应的正式职权。或许你负责的是一个无需向你汇报工作的跨部门团队。或许你管理一批外部销售商。在上述情况和与之相似的情况下,直接发布命令是不合适的。然而,你又必须进行领导。

当然,真正的领导力与正式权力从来都不是一回事。只有当周围的人因领导者的个人品质——贡献、态度和行为而承认他们是领导人时,领导者才具有效率。

如果你不是领导者,就不存在唯一最好的领导方式。不同的形势——危机、长期规划等等需要不同类型的领导者。不过,当你与其他人不存在上下级关系时,下面介绍的五步法可以在许多情况下为你提供帮助。该方法是由哈佛谈判专家罗杰·费希尔(Roger Fisher)和他的同事艾伦·夏普(Alan Sharp)开发出来的。两位专家坚持认为五步法能够实际应用于任何一个规划项目,或者满足谈判人员的基本需求。

第一步:确立目标。当目标明确时,人们能够尽最大努力去完成。由此可见,任何团队的第一个商业命令(order)应该是准确记录该命令所希望取得的成绩。提出

“我们能够首先讲清楚我们的目标吗?”这个问题的人,以及在讨论和起草那些目标的过程中担当领导的人,无论他或她的正式职位是什么,实际上已在扮演了领导者的角色。

第二步:系统思考。观察你的下次会议:人们典型地陷入了具体事务的纠缠之中,并开始讨论具体做什么。相比之下,讲究效率的领导者其系统性较强。即,他们收集和展示相关数据,找出某种局面形成的原因,并根据他们的分析,建议应采取的行动。通过使团队成员参与到这种系统的方法中来,并指导队员完成整个过程,他们已成为真正的领导者。他们的领导能力能够使人们把精力集中于解决问题的过程中。同时,他们通过提出适当的问题来加强他们的领导地位。

“我们拥有分析这种局面需要的所有信息吗?”

“我们能否把精力集中于我们正试图解决的问题的成因上来?”

一旦找到了问题的症结,他们就会领导小组成员以相似的方法系统地讨论潜在的解决方法。

第三步:在过程中学习。大多数团队提前研究某一项目,并且只有当该项目结束时他们才进行事后总结,思考他们从中学会了什么。但有些时候,伴随过程的学习效率会更高。这就意味着,团队日常工作的一部分就是进行日省,并进行必要的中间过程的调整。

第四步:吸收他人参与。成功的团队应充分利用每个成员的技能,并调动每个成员的积极性。但这并不能自然而然地发生。

必须有人督促其发生。领导者通过在团队成员的兴趣、技能与需要做的工作之间寻求一个最佳结合点来完成这一工作。为此，你可以列出所有需要完成的任务清单，列出胜任上述任务的人员或小组的名单。如果没有一个人对某项特殊的任务感兴趣，让大家集思广益，找出使这项任务更有趣或更富挑战力的方法。如有必要，可以把任务分解成其他人能够管理的几部分。同时，也可以吸收团队中相对沉默的队员参与，以便让每一个人都感受到自己是团队中的一员。

第五步：提供反馈。即便你不是领导者，你也能够提供积极的反馈信息。只要简单地流露出你欣赏别人的努力工作，这样做你无需花费任何代价，但却赢得了他人的认可："我认为你在那儿干了一项很伟大的工作。"

如果团队是受人欢迎的，各层次的管理人员都有担当无正式职权的领导者的机会。只要你遇到领导岗位的空缺，或只要向前一步就能改善境遇，你就要利用这些机会。上述背景下的经历将有助于你增强个人的权力，并提高你作为管理者和领导者的效率。要永远记住，如果你学会了在没有正式职权的情况下也能成功地进行领导，那么，当你拥有正式权力时，领导工作将会变得很轻松。

附录B 有用的实施工具

附录 B 有用的实施工具

本附录提供可用于评估你的说服对象和你本人说服能力的有用工具。所有的工具均改编自哈佛商学院出版社的一个在线产品哈佛管理导师(Harvard ManageMentor®)。在哈佛商务指南网站:www. elearning. hbsp. org/businesstools 上,读者可免费浏览工作表、清单和交互工具。

理解你的听众

你怎样才能评估听众和说服听众？可用图 B—1 工作表对你的提议的主要观点进行分类,并评估你试图要影响和说服的听众。

评估你的说服技巧

利用图 B—2 的工具可以评估你的说服能力。

图 B—1 听众评估表

应用该表评估你要说服的听众。

第一部分:描述你的提议及其好处

你计划向听众表达的观点或提出的建议是什么?

根据上述观点或建议,你希望说服听众去做什么?

列出你所提建议或观点的好处。

第二部分:听众评估

1. 在第一栏,列出你要说服的人员名单。并把他们分为以下三种类型:
   - 决策者——同意或拒绝你的观点的个体
   - 利益相关者——建议的受影响者
   - 影响者——介于决策者与利益相关者之间、其观点摇摆不定的一类。
2. 第二栏列出了你认为对每类听众的最大益处。
3. 在第三栏,记下你如何评估每类听众对观点的接受程度,哪类听众是敌对型、支持型、不感兴趣型、不了解情况型或中立型的?
4. 在第四栏,列出每类听众所偏好的决策风格。例如,哪类听众在做决定之前需要许多事实性的信息?哪类听众喜欢分析权威人士的决策,然后仿效之?哪类听众一开始对新观点表现出极大的热情,随后收集该建议的支持性数据?哪类听众总是对他人的观点持怀疑态度?

姓名	利益	对你观点的接受度	决策风格
决策者			
影响者			
利益相关者			

第三部分:行动计划

1. 在第一栏,复制你在第二部分中所列人员名单。
2. 在第二栏,记下你打算怎样让每位听众在理性层面认可你的观点。即,应强调你的观点有哪些好处?应提供什么样的证据使听众确信他们能够得到上述好处?你将采用什么样的词语?
3. 在第三栏,记下你计划如何打动观众的情感。即,采用什么样的生动描述、隐喻、类比及故事,如何在情感层面上把你与观众联系在一起。
4. 在第四栏,记下你怎样认可反对者所关心的事情,并与他们交流你对他们所关心事情的理解。

姓名	赢得观众理智的行动	赢得观众情感的行动	应付反对者的行动
决策者			
影响者			
受影响者			

第四部分:发动触发器与观众的自我说服

演讲之前,你要发动哪个说服"触发器"?例如,如果你认为互惠触发器或许能够增强你的说服力。作为回报,你能为那些支持你所提观点的观众提供哪些帮助?

演讲期间,你怎样刺激观众进行自我说服?例如,你如何利用插入式提问、引导性提问、设问等,以此鼓励听众说服自己接受你的观点?

资料来源:Harvard Managementor® on Persuasion,经同意改编。

图 B—2 有关说服力的自我评估工作表

第一部分:评估

应用该工具评估你的说服能力。在每一项目下,都标有准确衡量说服能力的说明。"1"表示"不正确","5"表示"很正确"。一定要根据你在实际工作中的真实表现进行回答。如果这样做,你就能对自己的说服技巧有一个最准确的估计。

项目	评价 不正确				很正确
1. 在试图说服别人之前,适当地确立自己的资格。	1	2	3	4	5
2. 说服别人时,提供过去我能够被他人信任的证据。	1	2	3	4	5
3. 通过分析听众的语言和行为判断其决策风格和接受能力。	1	2	3	4	5
4. 当说服别人时,描述我的观点具有哪些好处和独特性。	1	2	3	4	5
5. 在演讲中应用隐喻、类比和故事来强化关键点。	1	2	3	4	5
6. 在演讲中有意识地把要讲的观点控制在 3 或 4 个之间。	1	2	3	4	5
7. 用可信度较高的证据支持论点。	1	2	3	4	5
8. 当引用事实、数据或统计数据时,对信息进行分类以便于记忆。	1	2	3	4	5
9. 鼓励来自观众的反馈以促进他们进行自我说服。	1	2	3	4	5
10. 应用插入式、引导和设问鼓励听众说服自己。	1	2	3	4	5
11. 主动听取听众意见并思考其真正意图和情感。	1	2	3	4	5
12. 在说服之前先分析听众以决定说服策略。	1	2	3	4	5
13. 对不同的听众,采用不同的说服战略、材料和方法。	1	2	3	4	5
14. 根据要传递的信息选用不同的媒体。	1	2	3	4	5
15. 有意识地努力帮助别人以建立互信关系,这样将会形成后来别人帮助我的一种关系。	1	2	3	4	5
16. 试着鼓励听众在公开场合赞成我的观点。	1	2	3	4	5
17. 有意识地利用自身所拥有的职权。	1	2	3	4	5
18. 如果我掌握了独特的信息,我就向观众强调该信息的稀缺价值。	1	2	3	4	5
19. 如果我想倡导某事,就强调它是标准做法或是未来的趋势之一。	1	2	3	4	5
20. 我把自己与听众所喜欢的产品、人或公司联系起来。	1	2	3	4	5
21. 强调我与说服对象的共同点。	1	2	3	4	5
22. 当遇到拒绝接受观点的听众时,我用释义和提问的方式理解被拒绝的原因,然后向拒绝者传递我对他所关心事宜的理解。	1	2	3	4	5

图 B—2（续）

23. 试着与我要说服的对象建立一种积极的关系。	1	2	3	4	5
24. 一旦预料我的观点可能会被拒绝接受，我会在陈述我的观点之前，先描述反对者的观点，并表示理解。	1	2	3	4	5
25. 采用肯定、坚决的语气和双赢的语言说服听众。	1	2	3	4	5
每栏得分					
总　分 （把你所有答案的分值相加后计算出你的分数）					

第二部分：分数

应用下表解释你的分数

104-125　**优秀**：你是一位天才的说服家，对说服的艺术与科学有扎实的理解。

78-103　**优良**：在许多领域你有很高的说服效率，但需要继续提升说服技巧。

51-77　**及格**：你了解并能应用许多说服的基本理论。但是，通过增强说服技巧仍可以提高说服水平。

25-50　**不及格**：从改变或加强别人的态度、信任和行为开始，你需要在说服技巧方面进行广泛的实践。

资料来源：改编自 Harry mills. Artful Persuation：*How to Command Attention，Change Minds，and Influence People*（New York：AMACOM，2000）。经许可使用。

附录C 可视化演讲的一般规则

附录 C 可视化演讲的一般规则

正规演讲是现代组织用于说服的一种重要工具。含有文本或图片的可视化图像已经成为正规演讲的标准化特征。所以，掌握这些工具是绝对必要的。

诸如微软的 PPT、Corel 的演示工具（Corel Presentations）、哈佛的图片（Harvard Graphics）等之类的软件程序，使得商界人士能够通过吸引眼球的文本、图表及图片增强其演讲效果。这些软件程序提供了色彩丰富的、特点各异的多种设计：三维效果、多种字体的选择、剪辑艺术等等。

与传统的视听工具相比，谨慎地使用上述软件可以制作出在更短的时间内传递更多信息的视听材料。这些高科技的视听工具不仅能够讲清楚要点，而且还容易让人记忆。可是，如果使用不当，上述功能强大的工具确实能够迷惑听众，并使人感到厌倦，以致影响整个演讲效果。以下是充分利用演示工具的一些规则。

规则一：让视听工具服务于演讲内容

你本人和你要讲的内容应该始终是演讲的重心。因此，视听工具应该只起辅助作用。它们永远不应该占据演讲舞台的中心。演讲者可以按照以下几点来遵守上述重要规则：

- 不要用投影演示所有内容。
- 不要只是阅读投影上的内容。
- 不用演讲中不必要的视听材料。

规则二：使用简单的视听材料

某些演讲者把整段的文字堆砌在一起，如例A所示。多余的文字偏离了演讲者要传递的信息，而且还增加了听众掌握要点的额外负担。

例A的文字堆砌过多，其中有些信息由演讲者口头描述更好。比较而言，例B则略去细节而抓住了要点，且要点清楚、易于记忆。

例 A(文字堆砌):来年的挑战

销售人员在来年必须提高效率。现在,销售成本几乎占到收益的 20%。而整个行业销售成本平均只占收益的 14%。

我们一般只有 15 天的制成品库存时间。融资与库存成本很高。如果能更好地预测销量,也许我们能减少 4 天的库存。仅此一项每年就可以为公司节约近 5 万美元。

为了保持竞争优势,员工们需要更多的培训。非专业员工需要培训 40 小时,专业员工需要培训 60 小时。

例 B(简要):来年的挑战

- 更高的销售效率
- 更少的制成品库存
- 每人得到的培训更多

规则三:尽量少用花样

那些花费时间掌握了演示软件的人们喜欢使用许多“很酷”的手法:不同的色彩、多种字体和字号、阴影等等。不要沉溺于此!上述方法会分散听众对信息的注意力。问一下自己,“我需要这些花哨的填充效果和剪切艺术吗?选用一种字体的效果是否好于我正在使用的三种字体?”很多情况下,如果在视听材料中你使用了尽可能少的编辑技艺,则将表明你很专业。通常地,视听材料越简单越好。

规则四：图像要大且清楚

对于在座的每一个人，甚至最后一排的人，你的视听材料应该清楚易读。如果你已遵守了规则二和规则三，那么，每张幻灯片或投影都会有足够的空间来放大图像。

规则五：故事的关键部分要用图示来表示

大部分人喜欢形象思维。当用图示传递信息时，人们理解和领悟信息的效果最好！

假设某位演讲者想要说明：一种产品比另外两种更畅销，他只需对其听众说，"过去12个月的销量表明，产品C的销量超过产品A和产品B。"他也可以将上述信息反映在一张密密麻麻写满下列句子的表格上："在过去的12个月中，产品C的销量高于产品A和产品B。"然后，演讲者可以继续详细说明三种产品各自的销售情况。

或者，他可以用图表显示三种产品各自的销售数据(图表C—1)。

图 C—1　图示销售数据

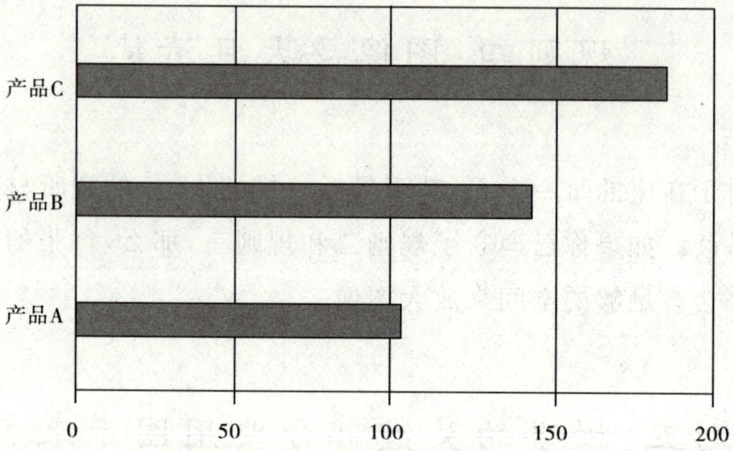

为使演示效果最佳,类似 C—1 的图表应仅用于关键内容。如果你把所有内容全部制成图示,演讲要点就会被淹没于杂乱的信息中。

规则六:使用最合适的图片形式

大多数演示软件和运算软件的支持系统可以制作出饼状图、柱状图、条形图、线状图、散点图等等。每一种图都能最佳地表示特定类型的数据。

饼状图

饼状图最适于表现不同因素对整体的影响。因此，如果你想让听众了解三种产品对公司全部销售收入的贡献度，饼状图是最好的选择。（见图 C—2）每种产品的贡献度被表示为整只饼状图形中的一部分。

图 C—2 用饼状图表示部分对整体的影响

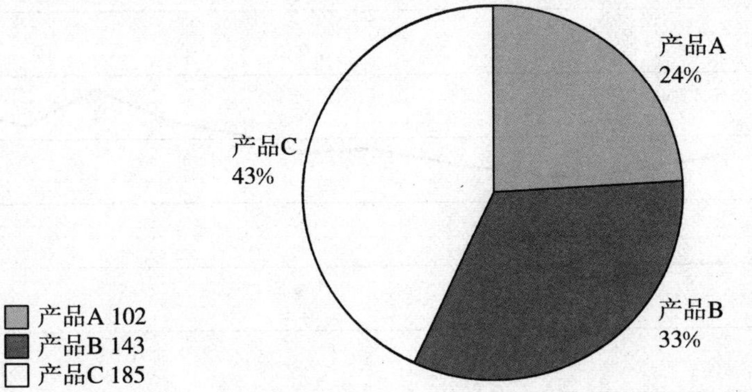

条形图和柱状图

如果想让听众对结果加以比较，采用类似于前述 A、B、C 三种产品销售收入图 C—1 的条形图。听众从图 C—1 中既可比较三种产品的销售收入，又可看到各自实际的销量，这在饼状图中是无法看出来的。

线状图

线状图尤其适用于表示发展趋势。图 C—3 表示 XYZ 公司 2002 年 1 月至 12 月的股价变动情况。如果我们想与竞争者的股价变动做比较,只需很容易地将其放在同一张图里即可。

图 C—3　用线状图表示历时变动

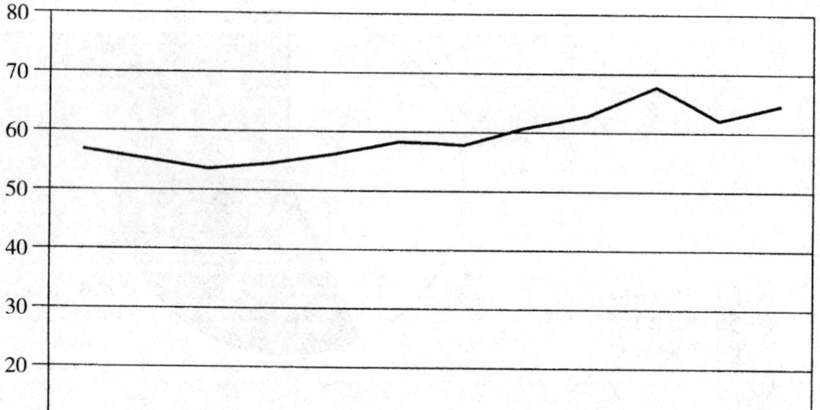

散点图

如果你想表示统计上的线性回归(最适于用系列数据形成的散点而画出的一条线)、指数平滑或者移动平均,那么最佳的选择就是用散点图。如果你拥有某一特定变量的许多数据点,散点图更是无价之宝。例如,有来自50个分店的一年12个月的产品收益。图C—4中绘出了一一对应的沿X轴(时间)和Y轴(收益)的数据点,并根据商家18个月产品收益的线性回归,画出一条最佳拟合趋势线。尽管每个月的收益百分比散乱分布,观众一眼就能看出产品收益的走势。

图C—4 散点图和趋势线

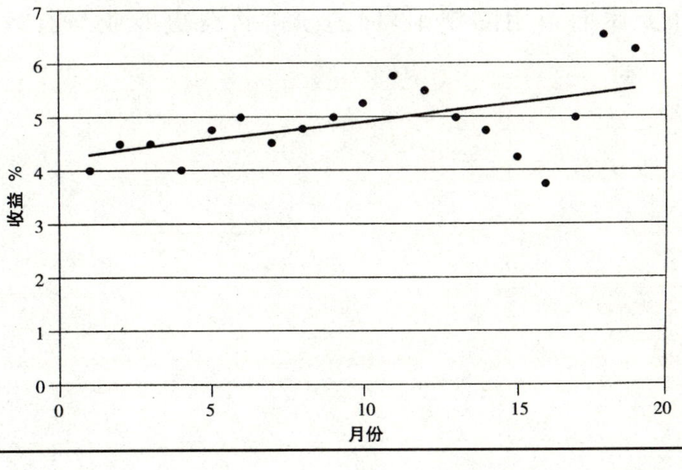

规则七：标出图表的重要特征

要确保听众一看就能明白图表中的定量数据表示什么。比如，图 C—5 中上面的图表表示的是某家公司的数据。但是，每根方柱代表什么意思？是每位销售人员的抱怨程度？是全部销售收入？还是地区销售收入？是月收入还是季度收入？纵轴值是美元还是千美元？甚或是欧元？

在图 C—5 中加注以后的同一图表中，观众就可以看出每个方柱表示 Acme 公司 2003 年前三个月以千美元为单位的月销售收入。

借助于绘图软件，准备演讲需要的图片比以往更容易。如果你能遵守上述七条用图规则，你的演讲将会更专业与有效。

图 C—5 有助于理清数据的标记

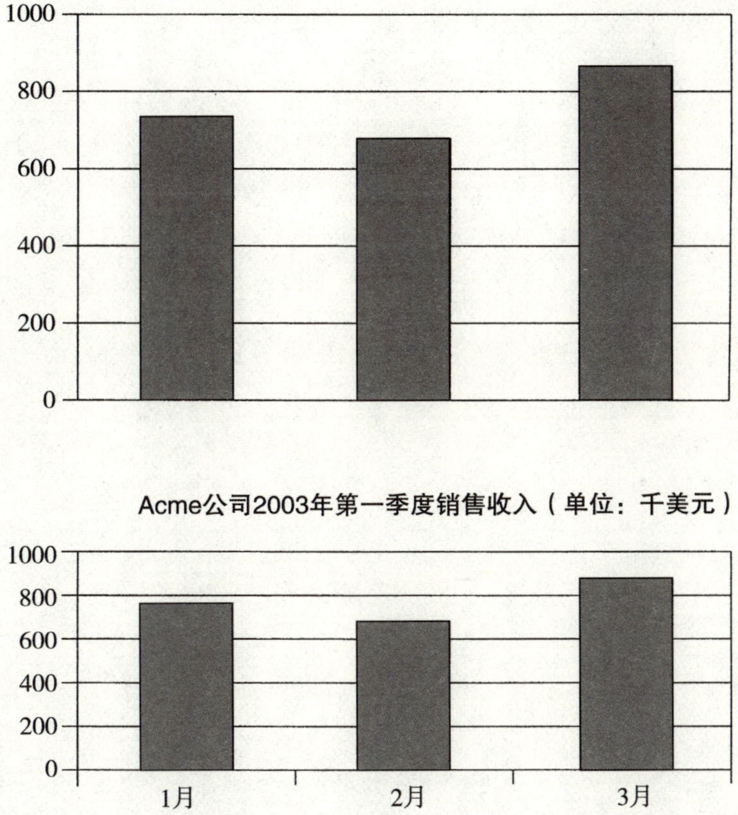

注　释

注　释

序　言

1. John P. Kotter, "Power, Dependence, and Effective Management," *Harvard Business Review*, July-August 1977, 125-126.

第 1 章

1. Rosabeth Moss Kanter, "Power Failure in Management Circuits," *Harvard Business Review*, July-August 1979, 65.

2. 同上。

3. Jeffrey Pfeffer, *Managing With Power* (Boston: *Harvard Business School Press*, 1992), 9.

4. David C. McClellan 和 David H. Burnham, "Power Is the Great Motivator," *Harvard Business Review*, January 2003, 117-126。

5. 同上。

第 2 章

1. John P. Kotter,"Power, Dependence, and Effective Management," *Harvard Business Review*,July-August 1977,128.

2. 关于戴明(Deming)在战后日本重建方面的作用,参见 Richard Luecke 的 *Scuttle Your Ships Before Advancing*(New York:Oxford University Press,1994),64-76。

3. Jeffrey Pfeffer,*Managing with Power*(Boston: *Harvard Business School Press*,1992),63-64.

第 3 章

1. B. Kim Barnes, *Exercising Influence*, (Berkeley, CA: Barnes &Conti Associates, 2000), 9.

2. 该故事的详情参见 Gregory H. Watson 的 *Strategic Benchmarking* (New York: John Wiley & Sons,1993), 129-148。

3. Allan R. Cohen 和 David L. Bradford,*Influence Without Authority* (New York: John Wiley & Sons, 1989),73。

第 4 章

1. Jeffrey Pfeffer,*Managing With Power*(Boston: *Harvard Business*

School Press,1992),203.

2. Thomas Johnson, Robert Kaplan, *Relevace Lost: The Decline and Fall of Management Accounting* (Boston: *Harvard Business School Press*, 1987).

第 5 章

1. 本章主要参考哈佛商学院出版公司的在线产品 Harvard ManageMentor® 中有关"说服"的资料。

2. 这些问题由 Kathleen Reardon 教授提出,可以在其 *It's all Politicals* (New York: Currency/Doubleday, 2005)一书中关于说服技巧的内容中查到。

3. Michael D. Watkins,"The Power of Persuade", Note 9-800-323, *Harvard Business School Press*,2000 年 7 月 24 日修订。

第 6 章

1. 本章主要参考哈佛商学院出版公司的在线产品 Harvard ManageMentor® 中有关"说服"的资料。

2. "说服触发器"(persuasion triggers)最早由 Robert B, Cialdini 在其"Harnessing the Science of Persuasion"(*Harvard Business Review* OnPoint Enhanced Edition, October 2001)一文中提出并加以阐述。

第 7 章

1. 有关“希腊人的演讲方法”改编自“Presentations and the Ancient Greeks,” *Harvard Management Communication Letter*, January 1999, 5-8。

2. 有关“学习的类型”部分改编自“Presentations That Appeal to all of Your Listeners,” *Harvard Management Communication Letter*, June 2000, 4-5。

3. 该部分改编自 Constantine Von Hoffman，Richard Bierck，Michael Hattersley 与 Nick Wreden 合著的“Handling Q&A: The Five Kinds of Listening,” *Harvard Management Update*, February 1999。

第 8 章

1. Philip G. Zimbardo, *The Boston Globe*, May 9, 2004. 参见 www.boston.com/news/globe/editorial-opinion/oped/articles/2004/05/09/power-turns-good-soldiers-into-bad-apples。

2. 在 Richard Leife, Christopher McDermott, Gina Colarell O'Conno, Lois Peters, Mark Rice 与 Robert Veryzer 合著的 *Radical Innovation*, (Boston: *Harvard Business School Press*, 2000)，56-57 中对此有论述。

3. Joseph L. Badaracco Jr. 和 Allen P. Weber，“Business Ethics: A View from the Trenches,” *California Management Review*, Vol. 37, no. 2 (Winter 1995), 8-9。

4. Allan R. Cohen 和 David l. Bradford，*Influence Without Authority* (New York：John Wiley & Sons，1991)，ix。

5. 同上，x。

术语表

术语表

附属型管理者(AFFILIATIVE MANAGER)：由 David C. McClelland 与 David Burnham 提出。与依靠掌握职权和行使职权以完成任务相比,管理者更希望因被人喜欢而完成任务。

对偶(ANTITHESIS)：是将某个句子或句子中的一部分与另一个句子或同一句子中的另外一部分形成对比,以引起人们的注意或强烈反响的一种修辞手法。

影响中心(CENTER OF INFLUENCE)：能够影响其周围人的人。

联盟(COALITION)：独立的单位或个人为了共同目的临时组成阵线。也可参见 *natural coalition* 和 *single-issue coalition*。

通货交换(CURRENCIES OF EXCHANGE)：按照 Allan Cohen 和 David Bradford 的说法,指影响力的货币;为了取得合作,可以给予潜在盟友的资源。

同感(EMPATHY)：认同他人的想法与感觉,或产生共鸣的能力。

影响力(INFLUENCE)：人们借以改变他人行为与态度的途径。与职权不同,影响力虽然没有明显的来自于强迫、强制或直接命令的压力,但却能产生一定的效果。

影响网络(INFLUENCE NET WORK)：个体之间施加影响的网络。在影响网络里，某些人的影响力度高于另外一些人。

影响者(INFLUENCERS)：间接参与决策程序的人。他们向关键利益相关者以及决策者提供建议与信息。

制度型管理者(INSTITUTIONAL MANAGER)：按照 David C. McClelland 和 David Burnham 的说法，是指那些因服务于组织而非个人目标而行使职权的管理者。

互惠法则(LAW OF RECIPROCITY)：善有善报的一般规则。

操纵(MANIPULATION)：由 Allan Cohen 与 David Bradford 提出。是指为了影响他人而采取的一种行为。但是，一旦对方知道操纵者的真实意图，其影响效果就会减少。

隐喻(METAPHOR)：是将一种事物描述成另外一种事物的、富有想象力的方法。如，"商场如战场"。一旦某种隐喻形成了一个人的观点，那么这种隐喻就是结构性隐喻(*organizing metaphor*)。

自然联盟(NATURAL COALITION)：结盟者建立在广泛的共同利益基础上的一种联盟。

意见领袖(OPINION LEADER)：参见 *center of influence*。

结构性隐喻(ORGANIZING METAPHOR)：决定一个人日常行为的核心世界观。如，"商场如战场"。参见 *metaphor*。

排比结构(PARALLEL STRUCTURE)：是一种应用功能与结构都相似的句子成分的修辞方法。比如，"我们将努力地工作。我们将灵活地工作。我们不会厌倦或失败。"

个人权力(PERSONAL POWER):它是一种或多种素质的函数:观点、专长、业绩、领袖气质、沟通技巧以及可信赖度。

个人权力型管理者(PERSONAL POWER MANAGER):按照学者 David C. McClelland 和 David Burnham 的观点,这类管理者个人对权力的需求超过其被他人所喜爱的需求。为了完成任务,他为自己和他的团队成员争取权力。部下们喜欢并忠于这类老板,因为老板让团队成员感到自己非常优秀。在负面效应方面,这类管理者是争权夺利者,但不是优秀的制度建设者。

说服(PERSUASION):一种能够改变或强化他人态度、观点或行为的过程。

权力(POWER):配置资源、制定决策和执行决策的一种潜能。

职权(POWER OF POSITION):与某人在组织中的正式职位相联系的权力或权威。

关系权力(RELATIONAL POWER):源于某人与他人关系的非正式权力。

设问(RHETORICAL QUESTION):仅仅为了对听众产生某种效果这一特定目的而提出的问题。演讲者不希望所提问题得到回答——尤其不需要听众的回答。

单项联盟(SINGLE-ISSUE COALITION):结盟各方在其他问题上存在分歧,但往往由于不同的原因,在支持或阻止某一问题方面却团结一致。

三句式(TRIAD):应用一系列的三项结构的一种修辞手法。

扩展阅读

扩展阅读

书　　籍

B. Kim Barnes. *Exercising Influence: A Guide for Making Things Happen at Work, at Home, and in Your Community*. Berkeley, CA: Barnes & Conti, 2000.

作者利用她在一家机构作顾问的经验,阐述了在三大生活领域(职场、家庭与社区)如何运用影响力取得更大成就。作者对有关影响策划过程的章节描写是本书的一个有趣的特色。

Cohen, Allan R. 和 David L. Bradford. *Influence Without Authority*. New York: John Wiley & Sons, 1989.

由两位杰出的商界学者撰写。本书提出了越来越多的管理人士所面临的一大难题。即:在被推到承担责任的职位但却没有相应权力之时如何进行领导。作者描述了如何与那些控制资源和信息却不愿合作的管理者进行合作。书中所提的观点恰好都附有案例。

Kotter, John P. *Power and Influence*. New York: Free Press, 1985。

在复杂的职场生涯中，做事情不再仅仅依靠一些人发号施令、另外一些人服从命令就能万事大吉了。大多数人工作在社会关系错综复杂的机构中。为了实现既定目标，我们不仅需要下级的帮助，而且还需要同事、上级以及局外人的帮助。我们经常面临“权力断层”(power gap)。这是因为，我们必须依靠那些我们无法或难于对其发号施令的人们。该书介绍了如何消除上述断层：当你担负的责任大于正式职权所对应的责任时，如何运用权力与影响力督促别人完成任务。Kotter 阐释了如何开发丰富的非正式权力与影响力以实现目标，如何规避摩擦，如何培养创新团队，如何争取你所需的、来自于部下、同事、上级、甚至是所在部门与组织以外的人员的合作与支持。他还告诉你在处理权力关系时如何避免天真与愤世嫉俗的双重陷阱，以及如何避免滥用职权。

Ludwig, Arnold D, *King of the Mountain: The Nature of Political Leadership*. Louisville: University of Kentucky Press, 2002.

在该书中，心理学名誉教授 Arnold Ludwig 报告了他对 377 名世界领袖的研究结果，以及他对人们为何追求统治地位(即：追求权力)的思考。其观察结论之一是：权力追求者极其类似于被迫自立为统治者的雄性灵长类首领。读者可以分享到作者对伊迪·阿明(Idi Amin)、托尼·布莱尔(Tony Blair)、温斯顿·邱吉尔(Wiston Churchill)、罗纳德·里根(Ronald Reagan)等人的分析，了解促使他们追逐权力的因素。

Mills, Harry. *Artful Persuasion: How to Command Attention, Change Minds, and Influence People*. New York: AMACOM,

2000. Mills

清楚地表明，任何人都能通过学习而成为有水平的说服者。该书研究了说服背后的心理学因素，探讨了最成功的说服者是如何创造奇迹的。通过探讨有意识和无意识的作用因素，Mills 提出了应对最棘手的说服挑战的实用准则。例如，征服敌对性听众，与听众进行情感互动，以及让听众自我说服以支持你的观点。

Pfeffer Jeffrey. *Manage With Power: Politics and Influence in Organizations*. Boston: Harvard Business School Press, 1992.

斯坦福大学管理学学者 Pfeffer 审视了权力与影响在组织中所发挥的作用，揭示了单个个体如何获得职权并行使职权。他认为任何人都能培养有关权力运作的意识，从而提高自己的影响力。在商业、政治、科学，甚至是宗教信仰方面都有这方面的实例。

Reardon Kathleen. *The Secret Handshake: Mastering The Politics of The Business Inner Circle*. New York: Doubleday, 2000.

该书涉及到哈佛商务指南系列中的这本书所未曾提到的权力方面的内容。在 *The Secret Handshake* 中，Kathleen Reardon 揭示了对当今商界产生重大影响的、组织中的不成文的政治因素。她与许多公司经理之间的坦诚面谈，为人们打开了一扇观察下层组织生活的窗口，并提出有关引人注意、关系网络、实现目标以及了解何时说服与何时抗争等方面的可行性建议。Reardon 教授围绕上述内容的第二本书为 *It's All Politics*，2005 年由同一家出版商出版。与第一本书类似，该书强调了政治在促进或阻碍权力、影响与说服方面所扮演的重要角色。

笔记与文章

Robert B, Cialdini. "Harnessing the Science of Persuasion." *Harvard Business Review*, OnPoint Enhanced Edition, October 2001.

Cialdini 在"说服触发器"方面的研究引人注目。他认为,当人们在时间紧迫、疲惫不堪或无所适从的情况下做决策时,就会潜意识地走思维捷径(mental shortcuts)。借助于行为科学,Cialdini 探讨了以下"触发器":喜好(人们喜欢那些喜欢自己的人)、互惠(人们以德报德)、社会认可(人们服从与本人相似的他人的领导)、一致(人们按承诺做事)、权威(人们听从专家意见)和稀缺(人们想得到更多的、自己所没有的东西)

Conger, Jay A. "The Necessary Art of Persuasion." *Harvard Business Review*, OnPoint Enhanced Edition, May-June 1998.

作者界定并解释了说服的四大要素。今日商界很大程度上是由团队运作,以挑战权威为特征的战后婴儿潮出生的一代人及 X 一代(generation Xers)在商业运作中占有一席之地。这使得说服作为一种管理工具,比以往任何时候都更为重要。"但是与普遍的看法相反",作者 Conger(南加州大学马绍尔商学院的领导学研究所主任)宣称,"说服不同于兜售主意,或说服对方以说服者的方式看待问题。相反,说服是一种向他人学习、探讨解决方法的过程。

为此，说服包含以下要素：建立可信度、分析问题以谋求共同点、提出充分的证据以及情感互动。说服能够为组织带来巨大利益。但前提条件是：人们必须理解说服的真实意义。即，说服通常是一种需要洞察力、规划与妥协的痛苦过程。”

Hattersley Michael. “Persuasion.” Note 9-392-012。Boston：Harvard Business School Press，September 19，1991.

该笔记认真研究了应用于任何说服情景的原则；描述了如何分析说服目标与听众；如何设计说服内容；以及如何在书信、演示及更广泛的公司交流任务中实施说服策略。

Long-Lingo，Elizabeth 和 Kathleen McGinn. “Power and Influence：Achieving Your Objectives in Organizations.” Note 9-801-425。Boston：Harvard Business School Press，April 4，2002.

正如该哈佛商学院课堂笔记所述，权力是激发活力(to mobile energy)的一种潜能。这一相当中性的定义并未提及怎样行使权力，以及为何目的行使权力等问题。而对上述问题的回答决定了个体权力者的终极价值。本笔记可以帮助你分析权力所在的社会系统，以及你要采用的影响方式。依据笔记中所提出的原则，认真分析某人进行工作时的社会系统，评估上述系统中该个体的欲望与目标，有助于你最大限度地行使职权及最有效地施加影响。

Marton，Betty A. “Mastering The Art of Persuasion.” *Harvard Management Communication Letter*，July 2000.

Marton 综述了专家们关于说服命题的观点，列出了说服过程中“该做与不该做”一览表，以便为有志从事说服工作且久经历练的说服者提供帮助。例如，一定要发展同感，以便能准确地获知他人的感受；一定要成为高效团队的建设者。你要学习如何建立支持性联盟，从而知道当你需要帮助时谁能助你一臂之力。但是，不要在进行说服的初期就态度强硬，以免为潜在的反对者留下抵制的借口。也不要混淆讨论与说服。讨论你提出的观点只是有效说服的一部分，你还需要依靠有效沟通、培养同感以及与听众的情感沟通。

McClelland, David C. 和 David H. Burnham. "Power is the Great Motivator." *Harvard Business Review*, January 2003.

要激励(to motivate)别人，首先须激励自己。关键在于激励的源泉——管理者界定成功的方式。有人将成功等同于个人成就；而有人则认为成功就是被别人所喜爱。具体到复杂的组织，管理者要有掌握权力的动机。掌权动机并不等同于独裁冲动，而是渴望不同凡响、显示强大和有影响力。按照作者的观点，该权力应受到约束与疏导，以有利于组织而非管理者自身。

Simpson, Liz. "Get Around Resistence and Win Over the Other Side." *Harvard Management Communication Letter*, April 2003.

Simpson 主要研究多数说服者无数次遇到的关键性障碍。即，说服者提出的观点受到听众的反对。她阐释了如何站在对方的角度去观察激起听众抵制情绪的关键因素，并设身处地去理解对方。通过认真倾听，显示出你把对方的利益牢记于心，由此赢得他们的信任。那么他们将更乐于从你的视角看待事物。除了倾听之外，你还要做到言行一致，而且要首先介绍对方的观点，然后再介绍自己的观点。

Watkins Michael D. "The Power to Persuade." Note 9-800-323。Boston：Harvard Business School Press, July 2000.

修订于 2000 年 7 月 24 日。Watkins 阐释了如何掌握核心的说服任务。比如，绘制影响力地图、确定需要说服的对象，分清楚谁是你的支持者、反对者与"可以被说服者"，并估计他们的利益所在与抵制你的原因。推断他们采用什么样的可选方案去替代你提出的建议。对你所希望的行为给以奖励，反之则加以抑制，这样可以使他们看到好处。还要特别谨慎地设计说服内容。例如，强调对损失、风险的关注，或将建议的变革与听众的核心价值观联系在一起。为了获得对棘手决策的认同，创建一个令听众感受到你已考虑了他们的担忧和意见的公平过程。

Williams, Gary A. 和 Robert B. Miller. "Change the Way You Persuade." *Harvard Business Review*, OnPoint Enhanced Edition, May 2002。

作者呼吁说服者要努力适应其听众的决策风格。作者认为，不同的个体在是否接受某种观点时的决策偏好不同。在决策过程的特定阶段，每个人都需要某些特定的信息。职场中绝大多数说服者可能会遇到五种风格类型：

魅力型：易被吸引。但是，其最终决策取决于对称的信息。

思考型：需要广泛的详细资料。

怀疑型：质疑每个数据。

跟随型：依赖于自己及别人过去的决策经验。

控制型：只认同自己的观点。

针对每种类型的决策风格，作者们都给出了相应的对策及其应用示例。

顾问和作者简介

顾问和作者简介

关于内容顾问

凯瑟琳·瑞登(Kathleen Reardon)博士，南加州大学马绍尔商学院的管理与组织学教授，是职场中说服学、谈判学与政治学方面的领衔权威。她撰写过七部著作，并在知名的交流与商务期刊(包括《哈佛商业评论》)上发表过多篇文章。她撰写的 *The Secret Handshake：Mastering the Politics of the Business Inner Circle* 一书在 2001 年初由 Doubleday 出版社出版，并迅速成为美国商业畅销书之一。瑞登博士近期著作有 *The Skilled Negotiator*(Jossey-Bass 出版社)、*On Becoming a Skilled Negotiator*(Wiley 出版社)以及 *It's All Politics*(Currency/Doubleday 出版社)。

瑞登博士是著名的《哈佛商业评论》麦肯锡奖金专门小组成员，还是几家学术期刊的编委成员。她被推选为"国际交流协会"会员、First Star 创业顾问委员会委员。First Star 是一个致力于增进儿童权利的组织。2004 年她被授予"爱尔兰管理协会"第一位"杰出研究学者"。

瑞登博士是康涅狄格大学的优秀毕业生并获文学学士，以最优异的成绩获得了位于阿默斯特的马萨诸塞大学的文学硕士和博士学位。

关 于 作 者

理查德·吕克(Richard Luecke)是《哈佛商务指南》系列丛书中几本书的作者。吕克先生就广泛的商务问题撰写过30多本书和几十篇文章。他有圣·托马斯大学的MBA学位，现居住在马萨诸塞州的塞勒姆(Salem)。

译后记

译后记

本人有幸获得翻译 *Power, Influence and Persuasion*(《权力、影响与说服》)一书的机会,深感荣耀和庆幸!在整个翻译与修改过程中,译者始终被作者深邃的理论思想、独特的研究视角、问题—方法导向的研究思路以及清新流畅的写作风格所震撼!因此,愿重温此书特色之点滴,与您共享!

第一,研究内容、研究视角的独特性。

作者理查德·吕克教授从独特的视角,解释了现代管理科学中十分重要,甚至是非常关键,但却常被忽视的一个命题。即,正规权力是否等同于领导力?没有正式职权的人员是否对管理工作无能为力?答案是否定的。作者运用心理学、管理学、组织行为学等多学科理论,采用实际面谈与理论研究相结合的方法,从权力与管理效率的关系、影响力的管理作用以及说服在现代管理科学中的地位等方面,对上述命题给予了全面的解析。

首先,作者辩证地分析了正式权力的必要性与局限性;指出了人们之间的相互依赖可以在某种程度上约束权力;转引了戴维·麦克莱兰(David McClelland)和戴维·伯纳姆(David Burnham)对权力管理类型的研究成果;分析了权力的三种来源:职务权力、个人权力和关系权力；并提醒人们应警惕“灰衣主教”式的人物对权力的暗中控制。

其次，作者研究了影响力与权力的关系，指出了直接行使职权以完成任务的各种弊端；提出了“权力仅是调动资源及影响他人的一种潜能”、“影响是一个双向道，只有善于接受他人的影响，你才能有效地对他人施加影响”等重要观点；给出了诸如通过设定问题的框架、增加信息、提高技能等方式提升影响力的实用策略。

作者接下来对新的商业运营环境下通过说服别人完成任务的意义、必要性及可行性进行了系统研究。提出了有效说服包括四大要素（可信赖度、理解听众、可靠论据及有效沟通）的观点；提供了令听众心悦诚服地接受影响的具体策略。如，以讲故事的方式陈述你的观点。2005 年 6 月 12 日，在斯坦福大学毕业典礼上，苹果电脑公司的创始人史蒂夫·乔布斯（Steve Jobs）就以讲“三个故事”的发言赢得了毕业生们经久不息的掌声。

在现实生活中，潜意识运用非正式职权而取得成功的案例俯拾皆是。基于个人品德、才能的 W. 爱德华兹·戴明（W. Edwards Deming），以强大的个人权力创造了二十世纪七八十年代质量管理运动的辉煌。这场运动也成就了这位工业界的传奇人物。而前文提到的乔布斯 20 岁时与一合伙人在其父母的车库里创建了苹果公司。在乔布斯创业后的 10 年，造就了一个市值 20 亿美元、拥有 4000 多名员工的大企业。尽管乔布斯取得成功的因素是多元的，但其强大的说服与影响他人的能力在其创业初期和转型过程中发挥了关键作用。创业初期，资金匮乏，他成功地说服了风险投资家为苹果公司注入资金；发展时期，他又一次次地说服董事会和雇员，适时地进行了业务拓展和转型。他创建了苹果电脑，引领了电脑时尚的新潮流；他创立了皮克斯(Pixar)，拨动了娱乐业的新风向；他创造了 iPod，影响了不只一代人的生活方式。可见，个人权力、说服力、影响力等非正式权力在管理工作中具有十分巨大的作用！

该书的第二个独特性，表现为作者的研究方法是典型的问题—方法导向型。在对某些理论问题进行了深入浅出的论证后，紧接着就给出了操作性很强的解决方法。例如，如果你没有正式职权，但现实生活中你却实实在在地担负着领导责任，怎样做得更好呢？作者给出了包括确立目标、系统思考、过程学习等五步法的建议，为“不是领导者的领导”提供了具有可操作性的管理方法。在如何施加影响，如何提高说服效率等方面，作者都给出了相应的策略。

该书的第三个独特性，表现为该书既是一部很有见地的管理科学理论著作，又是一部给人以信心、激发人斗志，并对个人未来充满憧憬的励志型著作。你没有正式职权，但并不意味着在组织决策中你无能为力。你同样可以利用你的关系权力、个人魅力等非正式权力去影响和说服相关人员，去影响甚至是左右事物发展的方向与进程，做一个“戴明”式的人物。这说明，任何一个社会成员，包括一介平民，都有说服、影响他人的潜能，都有影响社会发展的机会！关键在于你是否意识到这种潜能的客观存在，是否有意识地对上述潜能加以挖掘和开发。另外，作者也提醒已身居要职的高层管理人员：真正的领导力与正式职权从来都不是一回事！只有个人品质——贡献、态度和行为得到社会认可的领导者，才是真正的领导者，其管理才真正具有效率。

限于译者的学养与悟性，千字叙述难以概括本书之全貌。如要全面了解，详请阅读该书。作为管理者，此书不可错过！

译者 2007 年 1 月于德国 Konstanz